네가 걸으면 하나님도 걸어

네가 걸으면 하나님도 걸어

홍순관 단상집

살림

서/序

이 글은 낡은 것도 아니지만 새로운 것도 아닙니다. *能敝不新成
오늘을 사는 나에게서 나온 글이지만 오늘 내게서
비롯된 글은 아닙니다. *能古能新

자연과 성서와 옛 스승들의 생각을 정물로 놓고, 풍경으로 보며
어린아이의 도화지를 꺼내어 그려보았습니다.
아직 색을 덧입히지 않았음에, 나는 도리어
완성치 않은 밑그림이 보기 좋아 그리 하였습니다.

함께 사는 세상에서 사람의 언어란 밥처럼 고마운 것입니다.
언어가 마음이라 글자에 마음을 기대었습니다.

2008년 용인 어정에서

봄을 맞은 홍순관

* 노자 『도덕경』

 차례

서序 • 5

제1부 다 함께 봄

내 길을 걷는 것이 • 15
소리 • 16
다 함께 봄 • 17
이유 • 18
한가로움 • 19
봄바람에 떠는 대나무 • 20
자연의 대화 • 21
언제나 아침 • 22
고운 숨만 쉬어도 • 23
사월의 숨 • 24
눈 못 뜨는 • 25
묵은 옷 • 26
풀어 주면 내 것 되지요 • 27
오월에 • 28
물 한 그릇 주시기 위해 • 29
바람처럼 돕는 이 • 30
작은 것이 옳은 것 • 31
내가 웃어야 꽃도 웃지요 • 32
오고 가는 풍경 • 33
잡초의 도 • 34

바다 산 사람 • 35
끝없는 여행 • 36
그래서 떨어지지 않는 • 37
닫으니 • 38
새우잠 • 39
놀라운 시대 • 40
하나님도 말리시는 일 • 41
저만치 핀 꽃 • 42
들판은 마다함이 없이 • 43
쌀 한 톨의 무게 • 44
삼십 년쯤 바라보아야 • 45
그치지 않는 노래 • 46
바람 한 번 지나가니 • 47
떨어진 잎 우주를 돌아눕다 • 48
겨울이 열려 • 49
장작 한 뭇 • 50
가벼운 눈도 쌓이면 • 51
겨울 침묵 • 52
사람에게 사람이란 • 53
사람의 손 • 54
평화는 • 55
광야가 • 56
어리석음과 가까워진다는 것 • 57
어리석고 무모한 겨울 이야기 • 58
우리가 어리석다고 하는 것 • 59

여름잠 겨울잠 · 60
어머니 대지 · 61
돌아갈 수 없는 시간 · 62
이런 것들을 못 해 보았다면 · 63
주머니 봄 · 65

제2부 착한 세상

네가 걸으면 하나님도 걸어 · 69
착한 세상 · 70
참사람으로 산다는 것은 · 71
착한 물 · 72
착한 자화상 · 74
착한 사람이 착한 자연을 만듭니다 · 76
쉽게 살아라 · 78
그 때 오는 세상 · 80
나는 부끄러웠습니다 · 82
장일순의 난 · 84
에이 숨채요 · 85
오네꼬뚜 · 86
오브 · 87
끄라시보 에또 스베또이 · 88
사랑하므로 태어난 아픔만이 · 89
못 박을 줄 모르는 목수 · 90
착한 노래 만들기 · 91
언제나 · 92
아무것이나 아트인 시대 · 93

튼튼한 나무를 얻으려면 • 94
당신을 위한 일 • 96
어떻게 할까요? • 98
자크 엘룰의 한숨 • 99
지금도 또 다시 그러실 분 • 100
가수보다 편한 정치 • 101
교회를 위한 교회 • 102
지혜의 힘 • 103
뻔한 정직 • 104
뻔한 거짓말 • 105
게으른 새 • 106
멈추는 시간이 있어야 • 108
밖으로 데려갑니다 • 110
교회는 • 112
그러므로 성서를 조선에 • 113
잘못 걷는 길 • 114
표정 • 115
우리의 거울 • 116
숨 • 117
낙타를 따라 • 118
바람에 휘리릭 나뭇잎 하나 떨어졌습니다 • 120
장르 뛰어넘기 • 122
오래된 집 • 124
가만히 있어 흐르는 물 • 126
운지인도 없으면서 • 128
거울과 나무 • 129
한 몸이니 • 130
잡히지 않는 바람 • 132

냇물이 됩니다 • 134
나무가 됩니다 • 136
나는 기도할 때 기도가 됩니다 • 138
저 세상으로 • 139
아무것도 모른다는 것을 알 때 • 140

제3부 흙처럼 고운 숨

평화는 제 숨을 쉬는 것 • 145
개미는 걸어 일하고 • 146
평등 • 148
평평한 물 • 149
다 풀어 주니 돌아옵니다 • 150
손수 빚으신 인간 • 152
흙과 숨 • 153
봄이 오면 • 154
눈을 뜨는 봄 • 156
나는 이제 빨래터로 갈래요 • 158
사람도 평화입니다 • 160
우리들의 봄 • 162
꽃은 꽃씨를 숨겼고 • 163
비논리의 증언 • 164
돌무덤의 일기 • 166
꽃을 피워내는 것은 • 167
사월 꽃 1 • 168
사월 꽃 2 • 169
바람 구경 • 170

내일도 일해야 하네 · 172
조용한 혁명 · 173
스물세 살의 청년들이여 · 174
드리워진 그늘이 왜 우리 생에 빛나는 스승인지 · 176
아, 자유혼이여 · 178
그냥 했지요 · 180
땅이 좋다 · 182
자유의 밭 · 184
저 농부님 오늘도 일합니다 · 186
보이지 않는 땀들이 이 세상을 일구어 나갑니다 · 188
어리석은 것이 곧다 · 190
여름 역설 · 192
여름이 말을 합니다 · 193
벗고 나면 자유 · 194
나비만 넘던 선을 · 196
밤에는 · 198
아, 가을의 예수여 · 200
보이지 않는 희망이 보이는 고통을 이겨냅니다 · 202
떠나야 영원한 것 · 203
덮어 주는 눈 · 204
한 해의 끝에서 · 206
이상한 겨울 이야기 · 208
이미……었어요 · 209
먼 데 눈을 두고 · 210

결結_ 사라진 언어 · 211
발문_ 그 노래의 속살 안에 오롯이 들어앉은 생명 · 213

제1부

다 함께 봄

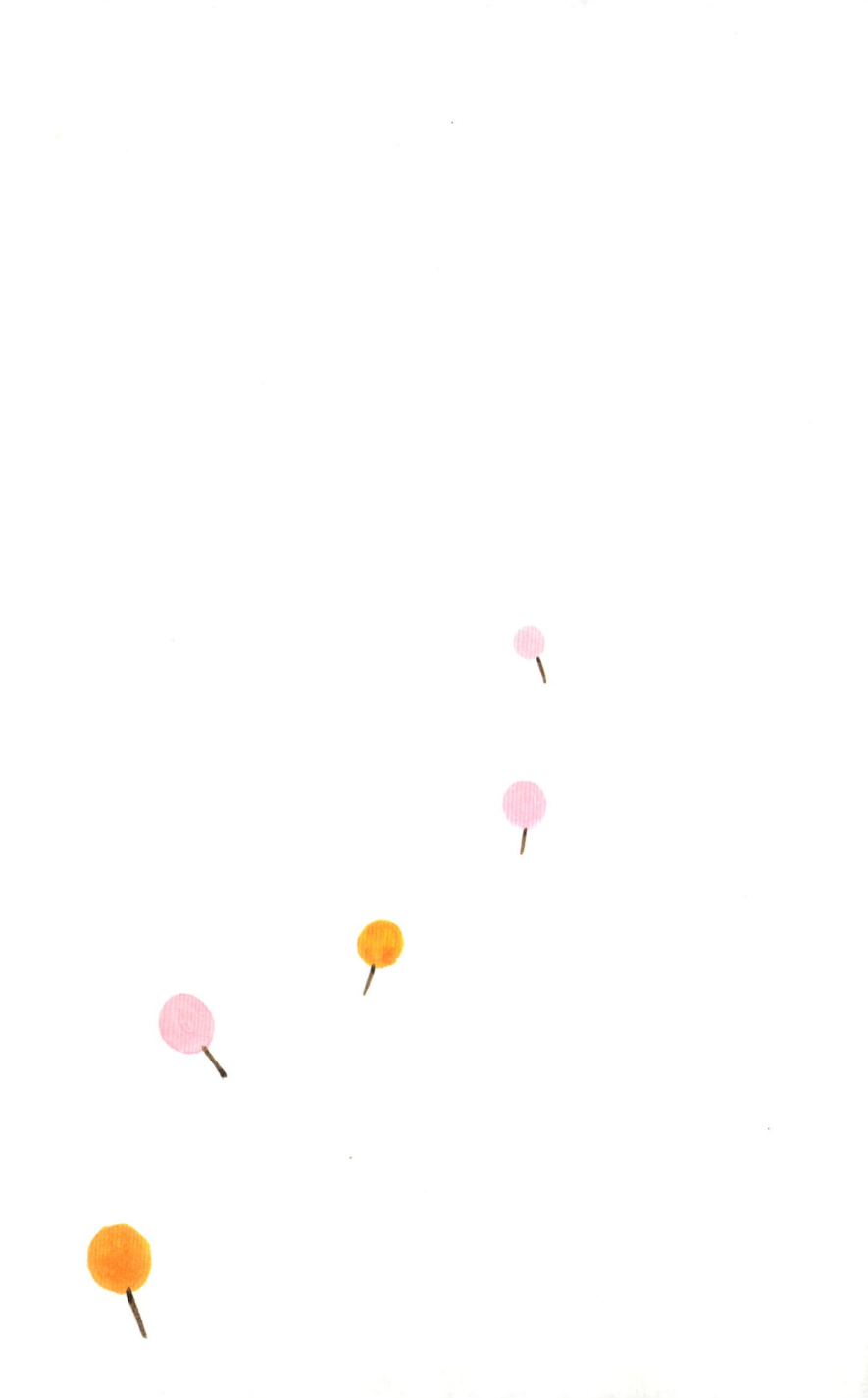

내 길을 걷는 것이

내 길을 걷는 것이 남의 길을 내어 주는 것입니다.

소리

꽃이 열리고
나무가 자라는 소리
너무 작아
듣지 못했습니다.

다 함께 봄

꽃 한 송이 핀다고 봄인가요.
다 함께 피어야 봄이지요.

이유

노래 부르는 이유

당신입니다.

그런데

당신은 어디 있나요?

한가로움

　한가로움이 내 삶의 큰 화두이긴 하지만 게으름엔 늘 변명이 모자랍니다.

봄바람에 떠는 대나무

뒷마당 촘촘히 서 있는 여린 대나무가
봄바람에 떱니다.

그렇게 꿋꿋하고 기개 있다는 저 대나무가
봄바람에 떱니다.
아직 겨울을 앓고 있나 봅니다.

자연의 대화

창가에 앉아 있던 조그만 화초가 눈을 뜹니다.
제자리 앉아서 봄이 온 것을 압니다.
창 밖에 온 봄을 어떻게 알았을까요?
말하지 않고도 대화를 하나 봅니다.

얼마나 열려야 저런 이야기 할 수 있을까요.
얼마나 하나 되어야 들리지 않는 이야기 주고받을까요.

언제나 아침

빙글빙글 도는 지구.
그러니 언제나 아침입니다.

둥근 지구.
그러니 언제나 희망입니다.

고운 숨만 쉬어도

고운 숨만 쉬어도 우주의 거룩한 춤에 참여하는 것입니다.

사월의 숨

사월이 숨을 쉽니다.
사월이 숨을 쉬니 온 세상은 사월이 됩니다.

눈 못 뜨는

사월이 되니 만물이 눈을 뜹니다.
눈을 뜨지 못한 것은 사람뿐입니다.

묵은 옷

이 산 저 산은 때를 따라 물들었는데
나의 묵은 옷은 오늘도 바뀌지 않았습니다.
나는 이리도 시간을 모릅니다.
나는 이리도 세상을 모릅니다.

오늘도 갈아입지 못한 묵은 옷이 무겁기만 합니다.

풀어 주면 내 것 되지요

연단이 은혜이듯, 아픔이 웃음이요 슬픔이 미소예요.
아픔을 내어 주면 웃음이요, 슬픔을 넘어서면 희망이지요.
내어 주면 들어오고, 놓아 주면 돌아올 거예요.

풀어 주면 내 것 되지요.
죽으면 살지요.
저 너머 세상의 벽이 없어지네요.

오월에

무심하면서도 배려 깊고

평범하면서도 탁월하고

무던하면서도 예민하고

외로우면서도 평화로운 오월에

물 한 그릇 주시기 위해

하나님은 우리에게 물 한 그릇을 주시기 위해
별을 만드셨네요.
산을 세워놓으셨네요.
태양을 비추시네요.
바람을 지나가게 하시네요.

바람처럼 돕는 이

바람은 늘 지나가면서도 늘 머뭅니다.
저기 있으면서 여기 있습니다.

바람처럼 돕는 이는
곁에 있으면서도 드러나지 않으십니다.
늘 말씀하시면서도 고요합니다.

작은 것이 옳은 것

*이 세상에서 모래 한 알이 가장 옳다고 했으니
 작아지면 작아질수록 참에 가깝게 되는 것이겠지요.

* 정채봉 선생의 글

내가 웃어야 꽃도 웃지요

내가 웃어야 꽃도 웃지요.
내가 보아야 태양도 빛나지요.
내가 바라보아야 별도 반짝입니다.
내가 바라보아야 그대의 눈도 반짝이고요.

흐르는 시간도
내가 살아내야 정직한 역사입니다.

오고 가는 풍경

어제 나리신 비에

앞뜰 꽃 다 떨어지고

뒷마당 고추 자라고

우리 집 지붕 새고

처마 끝 똑똑 물소리 피어나고

칠월 비에

고운 풍경이 오고 갑니다.

잡초의 도道

여름 잡초가 뒤뜰을 제 집처럼 점령하여 안방처럼 앉아 있습니다.
도리어 여름을 가장 잘 사는 놈은 잡초인가 합니다.
뽑혀도 아무렇지도 않게 또 자라나는 생명이
뻔뻔스러움을 넘어
비장함을 넘어
자연의 가장 가까운 도道에 닿으니 존경스럽기까지 합니다.

바다 산 사람

바다는 치마를 펼쳐 놓은 듯 너그럽고
산은 헤어지면 안 되는 듯 어깨동무로 이어지고
사람만이 땅을 긋고 삽니다.

끝없는 여행

하루도 거름이 없는 태양과 바람

구름 속 숨어 있어도

흩어져 뵈지 않아도

끝없는 여행.

멈추지 않는 생명의 춤.

그래서 떨어지지 않는

태풍에 흔들리는 까치집.
나무와 같이 흔들리는, 그래서
떨어지지 않는.

닫으니

비가 폭풍처럼 지나가도
창문을 닫으니 소리가 없습니다.

새우잠
_ 낮잠을 자다 문득 전우익 선생이 떠올라

어느 날엔 넓은 집에 혼자여도
새우잠이 편합니다.

놀라운 시대

무엇에도 놀라지 않는 시대입니다.

바람이 몰려오고 땅이 갈라지고 물이 넘치어
사람이 죽습니다.
굶어서 죽어도, 총에 맞아 죽어도
물이 말라 죽어도, 타서 죽어도
하룻밤만 지나면 모두 잊어버립니다.

정말 놀라운 시대입니다.

하나님도 말리시는 일

하나님 말리시는 일을 기어코 해 버리는 사람이 더 많은 세상에,

사십 년 세월, 미장 일만 해 오신 유씨 아저씨 비오는 날 하신 말씀,

"하나님도 말리시는 일을 우리가 어떡해유?"

저만치 핀 꽃

저만치 핀 꽃
피고 지고 피고 지고
저 혼자 세월을 삽니다.

눈에 띄는 꽃들은
이내 꺾여 짧은 생을 마감하지만
저만치 피는 꽃은 오랜 세월

산을 들판을 세상을
숨 쉬게 합니다.

들판은 마다함이 없이

*들판은 마다함이 없이 들판을 안고

바다는 마다함이 없이 바다를 안고

산은 마다함이 없이 산을 안고

강은 마다함이 없이 세월을 흐르고

하늘은 마다함이 없이 가벼이 떠 있고

땅은 마다함이 없이 모든 것을 떠받치고

자비는 마다함이 없이 세상을 안고

가없는 은혜는 마다함이 없이 오래된 미래를 안고

* 포항 곡강교회 김종하 목사의 편지 중에서

쌀 한 톨의 무게

쌀 한 톨의 무게는 농부의 무게
쌀 한 톨의 무게는 세월의 무게
쌀 한 톨의 무게는 별빛의 무게
쌀 한 톨의 무게는 생명의 무게

쌀 한 톨의 무게는 온 우주의 무게

삼십 년쯤 바라보아야

싱겁게 지나가는 구름을 봅니다.
무심한 풍경입니다.

아무리 화려하고 기묘한 풍경이라도
오래 바라보지 않았다면 내게 아무것도 아닙니다.
아무리 싱거운 풍경이라도 오래 머물러 바라본다면
오래 남는 풍경이 됩니다.
그러므로 김용택 시인이 쓴, 삼십 년쯤 바라보아야
강도 산도 된다는 시는 진정 맞는 노래입니다.

그치지 않는 노래

여름은 가도 좋으리
또 가을이 와도 좋으리

풀벌레 소리 그치잖고
아침 바람은 밤으로 불어가고
밤은 다시 아침으로 돌아가리니

계절은 바뀌어도 좋으리
그치지 않는 노래 이어지리니

바람 한 번 지나가니

바람 한 번 지나가니
떠나는 것이 참 많네요.
가버리는 인생이군요.

바람 한 번 불어오니
돌아오는 것도 참 많네요.
갔다가 오는 인생이군요.

아, 저기 또 바람 지나갑니다.

떨어진 잎 우주를 돌아눕다

떨어진 나뭇잎이 우주를 돌아누웠습니다.
자는 사람도 우주의 여행에 동참하고 있다고 했지요.

발걸음이 조심스럽습니다.

겨울이 열려

겨울이 열려 하늘이 열렸습니다.

하늘이 열려 눈이 나렸습니다.

눈이 나려 동심童心이 열렸습니다.

동심이 열리니 착한 세상도 열렸습니다.

장작 한 뭇

장작 한 뭇을 해 놓고
김장을 해 논 엄마처럼 기쁩니다.
그러곤
도리어 추운 겨울을 기다리니
사람 마음은 바람처럼 간사합니다.

가벼운 눈도 쌓이면

겨울눈이 축제처럼 나리더니
눈물 되어 떨어집니다.
가볍던 눈이 쌓인 무게로 떨어집니다.

가볍던 청춘도
쌓인 세월로 무거운 연륜이 됩니다.

겨울 침묵

대지는 입을 다물고
강은 잠을 자고
산은 눈을 감고
눈은 소리 없이 나리고

나는 나무처럼 오래 서 있어
겨울 침묵이 들려옵니다.
울림이 너무 크니 또 침묵이 됩니다.

겨울은
얼마나 깊으면 소리도 없을까요.

사람에게 사람이란

일을 할 때는
외로운 길을 걸을 때는
남모르는 눈물을 흘릴 때는
내 숨소리를 크게 듣게 될 때는

사람에게 사람이란
하나님을 볼 수 있는
만질 수 있는
부둥켜안고 엉엉 울 수 있는

사람의 손

사람이 죽게 될 때 그 손에는 무엇이 쥐어져 있을까요.
책을 읽던 사람도
돈을 세던 사람도
결국엔 사람의 손이 쥐어져야겠지요.

그러나
죽을 때 찾아와 손을 만져 줄 사람을
책과 돈만으로는 구할 수 없습니다.

* 마틴 부버의 『책과 사람』을 읽고

평화는

평화는 아침에 솟는 해처럼 오리니
일상에 피어나는 꽃처럼 오리니
지나가는 바람처럼 오리니
세월의 끝에서 흐르는 눈물처럼 오리니
평화는.

광야가

광야가 광야를 이기게 합니다.

어리석음과 가까워진다는 것

어리석음과 가까워진다는 것은 지혜에 가까워진다는 뜻입니다.
어리석음과 가까워진다는 것은 땅에 가까워진다는 뜻입니다.

어리석음과 가까워진다는 것은
어리석음으로 오신 예수를 알아간다는 뜻입니다.

어리석고 무모한 겨울 이야기

어리석도록 죽음으로 걸었고
무모하리만큼 철저히 죽었습니다.

우리가 어리석다고 하는 것

비가 뿌려도 씨를 뿌리러 나가는 것.
콩나물시루 밑바닥이 빠져 있어도 물을 붓는 것.

여름잠 겨울잠

여름잠夏眠은 명상이요

겨울잠冬眠은 쉼입니다.

기다리는 시간 없이 깨어남은 없습니다.

어머니 대지
_ 겨울에

햇살도 바람도 시간도
땅 속으로 스며듭니다.
없는 듯이 크겠지요.

햇살도 바람도 시간도 그 날이 오면
싹을 틔우겠지요.
땅은 어머니 대지이니까요.

돌아갈 수 없는 시간

그리움이란 얼마나 좋은가요.
엄마가 있으니요.

눈물이란 얼마나 좋은가요.
어린아이로 돌아가니요.
고향이란 얼마나 좋은가요.
옛 동산이 있으니요.

돌아갈 수 없는 시간이란 얼마나 좋은가요.
추억 같은 어리석음이
마음속에 늘 살아 있으니요.

이런 것들을 못 해 보았다면

구름처럼 느린 완행열차를 타고 여행을 떠나봅니다.

산꼭대기를 올라갑니다. 어느 날엔 이른 아침에
어느 날엔 해질녘에.
모래톱에 누워 별을 헵니다.
동네를 걸어서 한 바퀴 돌아봅니다.
이웃 나라 사람들을 위해 오랫동안 기도합니다.
식구들을 위해 밥을 지어봅니다.
뜰에 듬뿍 물을 줍니다.
아이에게 져 줍니다.
결혼식에서 축가를 부릅니다.
조조영화를 봅니다.
벼루를 내어 먹을 갈아봅니다.

들판을 뛰어봅니다.

노을이 사라질 때까지 바라봅니다.

낙엽을 쓸어봅니다.

눈사람을 만듭니다.

한 해 동안 이런 것들을 하지 못했다면요.

새해가 기다리고 있습니다.

새해가 그렇게 해 보라고 우리에게 오고 있습니다.

주머니 봄

떠난 겨울을 주머니에 넣고선 봄을 만져봅니다.

제 2 부

착한 세상

네가 걸으면 하나님도 걸어

예수와 함께 아침을 거닐며
그분의 뒤를 따르던
열두 학생을 부러워합니다.

오늘 아침도 침묵과 함께 걷고 있으니
바람이 말을 합니다.
"네가 걸으면 하나님도 걸어.
 네가 숨 쉬면 하나님도 숨 쉬지."
나는 학생처럼 기뻤습니다.

착한 세상

빈 몸짓인 새의 날개는 착한 세상입니다.
들판으로 잠들러 가는 햇살은 착한 세상입니다.

새벽 이슬은 시리도록 착한 세상입니다.
나무 아래 그늘은 겹도록 착한 세상입니다.
강물 같은 세월은 착한 세상입니다.
몰래 부는 바람은 착한 세상입니다.
이 세상 모든 눈물은 착한 세상입니다.

오래 참으시는 아버지의 세상은
착한 세상입니다.

참사람으로 산다는 것은

참사람으로 산다는 것은 마른 들판에 꽃을 피우는 일입니다.
오랜 가뭄에도 숨 쉬는 생명으로 살아 있는 일입니다.
망망 바다 한가운데 돛을 달고 바람을 기다리는 일입니다.

참사람으로 산다는 것은 민중 속에 섞여
들리지 않는 콧노래를 부르는 일입니다.
지나가는 바람과 명랑한 침묵으로 이야기하는 일입니다.
돌밭에서 땅을 일구는 일입니다.

참사람으로 산다는 것은 웃으며 애가를 부르는 일입니다.
평화가 넘치는 슬픔으로 노래하는 일입니다.
평화를 노래하며 우는 것입니다.

착한 물

물은 제 모습도 없습니다.
물은 제 색깔도 없습니다.
깊어지는 색밖에는요.

물은 제 속도 비추고 바깥도 비춥니다.
이 세상의 거울은 바깥 것만 비추지만
물은 속과 겉을 다 비추어 줍니다.
비추어지는 모습이 제 것인 양
다른 것으로 저가 있게 합니다.

저가 없어섭니다.
없어서 있는 것입니다.
비어서 차듯이 없어서 다 있습니다.

제 모습도 없이 흐르는 물은

닿는 곳마다 그곳과 하나 됩니다.
제 것 없어섭니다.

물보다 착할 수 있을까요. *上善若水

* 노자 『도덕경』

착한 자화상

시인 정호승은 노래합니다.
"풀잎에도 상처가 있다. 꽃잎에도 상처가 있다.
 상처 많은 꽃잎들이 가장 향기롭다."
시인 랭보가 노래합니다.
"상처 없는 영혼이 어디 있으랴."
정채봉 선생의 크고 착한 눈동자를 보고
아이 같은 구십 노인 피천득 선생은 말씀하셨습니다.
"내 마음을 보여 준다면 누더기일거요."
노래 만드는 백창우도 노래했습니다.
"삶의 긴 들판에 고운 꽃만 필 수는 없다.
 그 긴 여정에 고운 바람만 불지는 않는다."

비가 오면 땅은 더욱 굳고,
흐르는 강물에 상처 많은 돌들도 둥근 조약돌이 됩니다.
나는 조약돌을 만지작거리며 모난 내 성격을 울어봅니다.

상처 많은 세월에 피어난 오늘을 붙잡고도 울어봅니다.
울었던 내 모습은 착한 자화상이 되어 있습니다.

정호승은 눈비 그치면
햇살에도 상처가 있다고 노래했습니다.
착한 세상은 애가哀歌처럼 빛납니다.

착한 사람이 착한 자연을 만듭니다

꽃 잎 하나가 떨어져도 우주의 체계가 바뀐다지요.
별 하나가 소풍을 가면 이 우주는 다른 길을 갑니다.

그토록 다정한 바람과 따스한 햇살과 고마운 비가
왜 이토록 잔인하고 무서운 모습으로 바뀌었을까요.
무한한 자비와 한없는 공포의 두 가지 얼굴을 지닌 자연 앞에
인간은 두 말 없이 약한 존재입니다.

모가 난 둥근 지구.
자본주의와 제국주의 굴뚝에선 쉼 없이 폭력을 뿜어댑니다.
지고至高하고 지순至順한 자연은 세상에 깊은 연민을 품고 있지만
제 숨을 쉬지 못하니 물도 바람도 가쁜 숨을 몰아쉽니다.

다시 한 번 새벽 산을 기어오르는 마음으로

시작에 서고 싶습니다.

우리가 자연인 것을

우리가 악해지면서 순한 자연을 기다릴 수는 없는 일이지요.

우찌무라 간조(內村鑑三)는 설파합니다.

만물은 질서이다. 법칙이다. 화합(和合)이다.

자연과 사귀는 자는 우주의 운행과 함께 정숙하고 평화롭다.

착한 사람이 착한 자연을 만듭니다.

* 태풍 '매미'를 보며

쉽게 살아라

어머니는 늘 쉽게 살라고 하셨습니다.
대강 살라는 것이 아니라, 바람 불 듯, 지구가 돌 듯
세월이 가듯 쉽게 살라는 말씀입니다.

쉽게 산다는 것, 참으로 어려운 일입니다.
자연처럼 말 없어야 하고, 강물처럼 그냥 흘러야 합니다.
달이 차고 기울 듯, 해가 뜨고 지듯, 나무가 둥글게 자라듯
숨처럼 일해야 합니다.

어머니는 쉽게 살라고 하셨습니다.
자식 고생하는 것, 보시기에 안쓰러워 그러셨을 테지요.
그러나 쉽게 살려면 도리어 어려운 길을 걸어야 합니다.
정직하고 떳떳한 길을 걸어야 쉬워집니다.
장자는 "쉬운 것이 옳은 것이다", "옳으면 쉽다"고 했습니다.
나는 그것이 늘 어렵습니다.

쉽게 살라는 말씀을 가슴에 담은 채
오늘도 어려운 길을 걸어갑니다.

그 때 오는 세상

막내 녀석이 갑자기 방에 들어와 묻습니다.
"아빠. 이 책들 다 읽었어? 진짜 다 읽었어?"
녀석이 방 안에 있는 책을 다 읽었으리라 보이지 않는 아빠에게
시비를 겁니다. 책 속에 있을 지성과 교양과 지혜의 모습이
아빠에게 보이지 않았겠지요. 뜨끔한 질문입니다.

어느 날에는 책꽂이만 우두커니 바라봅니다.
그러곤 소유의 기쁨만으로 만족합니다.
그러나 내게 무슨 소용이란 말입니까.
내 속으로 들어와 있지 않은 그 많은 활자들, 문장들…….
일상에서 묻어나오지 않는다면 나는
저 책들과 아무 상관이 없는 것이지요.

나의 스승 예수가 성경 속에 갇혀 있는 것이 아니라,
바다와 들판과 산과 강에 모든 죽음과 모든 삶에

뚜벅뚜벅 걸어 들어가시잖아요.

책 속에 길들이 실상實狀으로 펼쳐질 때
그 세상은 올 것입니다.

나는 부끄러웠습니다

문득,
책상 위를 걸어가는, 아가의 새끼손톱보다도 훨씬 작은
개미 한 마리를 검지로 꾹 누르곤 고민에 빠집니다.
생명을 죽였다는 죄책감에, 아무렇지도 않게 너무도 태연하게
생명을 죽인 무책임에 멈칫, 숨이 막힙니다.

개미의 일과, 개미의 가는 길과, 그보다
더불어 사는 재미는 생각지도 않았습니다.
생명이란 단어는 떠올리지도 못했습니다.

이기利己는 바위의 무게보다 더합니다.
무지하고도 날렵한 내 행동에 숨이 멈춰집니다.

언젠가 뒤뜰에 넓게 자란 호박잎을 보고
여섯 살 다솔이가 한 말이 스승 같습니다.

"아빠, 이것 꼬집으면 아프지?
 이거 조금만 떼어내도 얘가 아파하지?"

나는 끝내 부끄러웠습니다.

장일순의 난蘭

누가 나에게 대원군의 난과 *무위당의 난 중 하나를 준다면
나는 주저 없이 무위당의 난을 고르겠습니다.

대원군의 난은 왜놈도 굽히게 하는 기백과 힘이 넘치지만
무위당의 난은 사람을 멈칫, 웃게 하는 재치가 있습니다.
힘보다는 유머지요.
강함보다는 자연스러움입니다.

장일순의 난은
갇힌 세상에 뻗치는 유머입니다.
모난 세상을 향한 둥근 세상입니다.

---

* 무위당无爲堂: 장일순張壹淳 선생의 호

에이 숨채요

"에이 숨채요"
사할린으로, 러시아 어딘가로
끌려갔던 고려인들,
우리 까레이스끼들의 인사말입니다.
살아 있다는 것이 숨차도록 고맙다는 말이지요.

숨차도록 살아 있음의 감격,
강제노동에 시달리면서도 서로서로 나누었던
정겹고도 처절한 인사말.
"에이 숨채요"

눈물겹도록 고마운 인사말입니다.

오네꼬뚜

파푸아뉴기니에서 거울(*오네꼬뚜)이란 말은
물(오네)과 둥글다(꼬뚜)가 만나서 된 것입니다.
둥근 물이 거울이지요.

둥근 세상에 나를 비추면 모난 얼굴이 보입니다.
하나님의 세상은 분명 샘처럼 맑고 우물처럼 깊을 거예요.

오브

파푸아뉴기니 사람들에게는 별과 반딧불이 같은 말입니다.
* '오브'라고 부르지요.
반딧불과 별의 빛을 하나로 보았습니다.
얼마나 깨끗한 마음을 가졌으면
지상의 빛과 천상의 빛을 하나로 보았을까요.

* 파푸아뉴기니에서 사는 문성, 이민아 선교사님이 가르쳐 준 말

끄라시보 에또 스베또이

러시아에서는 아름다운 것이 곧 거룩이라고 합니다.
* '끄라시보 에또 스베또이'
아름다운 예배가 곧 거룩한 예배입니다.
아름다움을 안다면 거룩한 예배를 드릴 수도 있겠습니다.

* 러시아 선교를 다녀온 임재규 목사가 가르쳐 준 말

사랑하므로 태어난 아픔만이

하늘은 땅과 바다를 가르지 않습니다.
어느 장엄한 산맥이 모난 동산 하나를 버리겠습니까.
어느 너른 바다가 물 한 방울을 따로 생각하겠습니까.

이 세상 하 많은 이야기와
성경 속의 셀 수 없는 현장들이
가없는 은혜로 용서되어 눈처럼 녹았습니다.
다만, 딴 길로 다신 걷지 않을 돌아섬이 있어야겠지요.

너와 내가 손을 잡고 방으로 들어간 뒤
단단한 섬돌 위에는
슬픈 노래가 벗어져 있기를요.
사랑하므로 태어난 아픔만이 놓여 있기를요.

못 박을 줄 모르는 목수

못 박을 줄 모르는 목수가 있다고요?
못 박을 줄 모르면서 집을 지을 수는 없습니다.
못 박을 줄 모르면서 대들보를 세우고, 벽을 치고
방과 마루를 깔고, 지붕을 얹을 수는 없는 일입니다.

풀잎을 헤쳐, 낮고 작은 생명의 속을 보고 있으면
가없는 우주를 만나게 됩니다.

작은 못이 시작이요, 완성입니다.
작은 일을 헤아릴 줄 모르면 큰일은 볼 수도 없지요.
못 박을 줄 알아야 집을 짓지요.
못 박을 줄 알아야 목수입니다.
못도 박지 못하면서
집을 세우는 목수는 껍데기 목수입니다.

착한 노래 만들기

*착한 도시가 지구를 살린다고 했습니다.
착한 도시는 착한 사람이 만듭니다.
착한 사람은 착한 노래가 만듭니다.
그러므로 *착한 노래 만들기!

* 『착한 도시가 지구를 살린다』(정혜진의 책)
* "착한 노래 만들기" (95, 96년에 있었던 기획공연의 이름)

언제나

정치보다 백성이 낫고

무대보다 객석이 낫지요.

언제나.

아무것이나 아트인 시대

아무것이나 아트인 시대입니다.
눈에 맞으면, 입에 맞으면 아트입니다.

경계가 무너진 것은 알겠으나
본질이 깨진 것은 아쉬운 일입니다.

아무것이나 예배인 시대입니다.
예배를 찾기 어려운 시대입니다.

튼튼한 나무를 얻으려면
_ 가수를 키우기 힘든 한국교회 상황에 붙여

*외로웠던 어느 날 아침,
루쉰의 글이 마음에 새겨집니다.

실한 나무를 얻거나 고운 꽃을 보려면
반드시 좋은 흙이 있어야 한다.
흙 없이는 꽃도 나무도 없다.
그러므로 꽃과 나무보다 흙이 더 중요하다.

노래 부를 수 있는 터를 그리워하다 읽은 글 한 줄.
흙 없이 자라는 꽃과 나무야말로 처량하기 그지없지요.

쇠창살 사이 자라난 조그만 풀에 위로를 얻었다는
어느 수감자의 고백에 고개를 끄덕이지만
감옥 안의 풍경이 절박하고 애처로워 가슴은 더욱 쓰립니다.

꽃과 나무를 요구하기 전에 건강한 흙이 되어 주는
터-교회-를 그리워합니다.

* 9년 만에 음반을 내고 다시 4년이 지난 어느 날에

당신을 위한 일
_ 기독교 대형집회를 경계하며

틀린 것을 틀렸다고

아닌 것을 아니라고 말합니다.

그것이 당신을 위한 일입니다.

당신을 향한 이 날카로운 지적은 도리어 그대에게

베푸는 선善임을 알아 주십시오.

많이 모이는 것이 은혜라구요?

다시 한 번 말씀 드리지요.

숫자가 예수를 죽였어요.

다수의 폭력만큼 무섭고 허무한 것은 없지요.

물론 사람의 물결처럼 아름다운 것도 없지요. 그러나

연출에 의한 숫자가 문제지요.

제 발걸음 가벼운 군중이야 소풍처럼 가볍겠지요.

사라지는 바람처럼 일했던 신자들이 성서에 담겨 있지요.

하나님을 뒤로 하고 그대의 지혜와 술수에 기대어 일하는
헛된 짓을 이젠 그만두시길요. 사람은 없고 형식만 있는
껍데기 짓은 이젠 그만 하시길요. 그러나
다행입니다. 하나님은 다 아신다 하셨으니요.

어떻게 할까요?

*싸우지 않고 이기라고 하셨지요?

*세상이란 관조觀照의 대상이 아니라, 실천의 대상이라고 하시면서

인내는 비겁한 자의 자처自處인 경우가 대부분이라고 못 박으셨지요?

*이런 날엔 물불을 가리지 않고 싸우고 싶은데 말이지요…….

---

* 노자의 말
* 신영복의 말
* 2007년 4월의 기록. 한국부활절연합예배와 행사를 NCCK와 한기총에게 통보도 없이 송두리째 빼앗기고

자크 엘룰의 한숨

좀처럼 팔리지 않는 내 노래를 바라보며 자크 엘룰의 한숨을 쉬어봅니다.

기독교를 바로 전한다면 아마 더 많은 사람들이 교회를 떠날지도 모른다는.

아, 모두를 진리의 매력에 빠뜨릴 수만 있다면.

지금도 또 다시 그러실 분

갈릴리 호숫가를 추억하며 거니시다가
몇 번을 고민하고 우시다가
드디어는 또 다시 사람 속으로 들어가실 분.
상처투성이 아픔 속으로 들어가 들어가
보이지도 않으실 분.

호사스런 대형집회에는 나타나지도 않으실 분.

가수보다 편한 정치

거의 모든 사람들이 선거에 참여하지 않는다면
정치인들이 저토록 열을 다하여 여의도로 향할까요.
아무도 없는 텅 빈 투표장. 그러나 이런 하찮은 정치에도
저마다 관심이 쏠려 있으니 되레 얼마나 좋은가요, 정치는.
가수보다 편하겠지요? 정치는.

교회를 위한 교회

*예술을 위한 예술이란 자고로 거짓이라 했습니다.
교회를 위한 교회는 또 얼마나 거짓입니까.

* 업턴 싱클레어 『힘의 예술』에 있는 말

지혜의 힘

교회를 괴롭히는 사탄은
뿔 달리고 공포를 주는 존재가 아닙니다.
신자를 어렵게 만드는 사탄은
병을 주고, 학교를 낙방시키고, 취직시키지 않고
살림을 곤란하게 하는 존재가 아닙니다.
그것으로 인하여 절망하게 하는 것이지요.

우리가 매일처럼 상대하며 적으로 알고 있는 사탄은
하늘로부터 오는 맑은 지혜에 눈뜨면 사라지는 존재입니다.
깨어 있는 지혜는 교묘하고 집요한 사탄의 존재를
아무것도 아니게 하는, 큰 세상을 향한 길이 됩니다.

뻔한 정직

지구가 둥글다고 말한 사람을 죽였습니다.
태양은 가만 있고
지구가 돈다고 한 사람을 심판했습니다.
다름 아닌, 기독교가 그랬습니다.

하긴, 저는 지금도 더 넓은 세상을 알지 못합니다.
다른 세상을 오해하고 있는지도 모를 일이지요.
그러나 적어도 내가 모르는 세상을 가지고 우겨서
사람을 죽이지는 말아야지요.
나하고 다른 이야기를 한다고 그 사람을 심판하고
매장시키지는 말아야지요.

지구는 둥글고 매일 돌아 아침과 저녁을 만들고 있습니다.
이 뻔한 이야기가 정직이 된 지는
그리 옛날이 아닙니다.

뻔한 거짓말

비가 오게 해 달라는 기도를 이젠 그만둘 때입니다.
비를 그치게 해 달라는 기도를 이젠 멈출 때입니다.
온갖 환경을 오염시키는 주역으로 열심히 뛰면서
가뭄을 그치게 해 달라는
아이들이 건강하게 자라게 해 달라는
기도는 이제 그만두어야 합니다.

회개悔改는 돌아서서 다시는 그 길을 걷지 않는다고 했지요.
기도는 그 길을 묵묵히 걷는 것이라고 했지요.
행함 없는 껍데기 기도를 이젠 멈추어야 할 때입니다.
뻔한 거짓말을 이젠 그만둘 때입니다.

게으른 새
_ 덩치만 커지는 교회의 비대함을 경계하며

뉴저지에 있는 세븐레이크(일곱 개 호수) 중 한 군데를 가보면
멀리 캐나다에서 날아온 철새들을 만납니다.
호숫가에서 하루 종일 코를 박고 사는 그 새들은
어리석은 포식으로 몸이 불어 둔한 새가 되었습니다.
오직 먹기에만 전념하여 어색한 평화를 만듭니다.
먹을 것이 많으니 고향으로 돌아갈 이유도 멀어지고
어디서 왔는지 어디로 가야하는지도 모르게 되었습니다.

날지도 못하는 새. 거북하고 뚱뚱한 새.
철새가 텃새가 되었습니다. 변질이지요.
호숫가서 내내 꾸물대던 그 새들은 평화로움이 아니라
끔찍한 정지였습니다.
제 몸 먹이려다 날개도 접은 새.
식탐이 낳은 형벌이었습니다.

날지 못하니 새가 아닙니다.
고향을 모르니 뿌리도 모릅니다.
제 몸 무거우니 제 길 가지도 못합니다.

새는 날아야 평화입니다.
가벼운 삶이 평화입니다.

멈추는 시간이 있어야

저 앞을 달리는 사람과 종교는 그 걸음을 잠시 멈추어야 합니다. 멈추는 시간이 있어야 끝까지 걸을 수 있습니다.

테크놀로지가 아무리 앞선다 해도 나무 한 그루만 못한 것이요, 호사한 샹들리에보다 잠잠한 촛불 앞에서의 기도가 깊을 것입니다. 대리석으로 저택을 두른다고 권위가 단단해지는 것은 아니지요. 첨탑의 높이로 하늘과 가까워질 수는 없는 일입니다.

수없는 세월을 달려와 우리 앞에 열리는 별빛을 알았다면 눈앞의 부富를 향해 달리는 사람과 종교는 그 걸음을 멈추어야 합니다.

치장治粧이 많은 노래가 듣기 좋은 것이 아니라,
정신이 깃든 노래가 살아남지요.
그 가슴이 사람과 역사를 움직일 것입니다.

시설과 조직과 연출과 행정이 하늘을 움직이는 것이 아니라,
무릎 꿇은 겸손의 정직과 선한 양심이 하늘을 울릴 것입니다.

수數가 아니라 참眞입니다.
부富가 아니라 혼魂입니다.
걸음을 멈추어, 끝까지 걸어갈 길을 바라보아야 합니다.

밖으로 데려갑니다

어느 날 나는 교과서 같은 설교보다
숲에서 들려오는 새소리가 좋을 때가 있습니다.

잘 정돈된 교회의 기관들보다
흐드러지게 피는 들꽃이 내 정신을 깨워 놉니다.

아무렇게나 자라나는 풀들이
갈 곳을 정하지 않는 바람이
따르지도 못할 율법보다
교회의 짜인 권위보다
훨씬 더 긴장감을 줍니다.

자유롭지 못한 내 손목을 끌고
예수는 자꾸 어디론가 데려갑니다.
갈릴리로 사마리아로 북한으로 관습 밖으로

어느 땐 *좌측통행과도 같은 도덕 밖으로.

* 아쿠타가와 류노스케의 '도덕'에 관한 단상

교회는

하나님이 들어와 숨을 쉬고
예수는 들어와 춤을 추고

그러므로 성서를 조선에

사랑하는 자에게 주고 싶은 것이 한두 가지가 아니지만, 다만
성서를 주겠다고 하신 *선생님의 말씀을 삼가 받들어 성서를
펼치니

하늘의 별도 보이고
음악도 들리고
문학향도 나며
꽃도 피고
기도도 들리어
뼈가 세워지고 피가 솟습니다.

그러므로 다시 한 번 성서聖書를 조선朝鮮에.

* 김교신

잘못 걷는 길

성서 속에 예수가 걸어 나와 사람을 만납니다.
율법 속에서 걸어 나와 사마리아를 걷습니다.

교회 안에 스승 예수를 가두어 두었다면
교회는 제자의 길을 잘못 걸어가는 것입니다.

표정

성서가 날마다 표정을 바꾸는 걸 보니 과연,
살아 계신 말씀입니다.

우리의 거울

나만 비추면 사라지는 거울.
우리를 비추면 선명해지는 거울.

하나님.

숨

말씀이 숨을 쉽니다.

깊은 어둠 속에서 빛이 숨을 시작합니다.
땅은 땅의 숨을 쉬고 물은 물의 숨을 쉽니다.
꽃은 꽃 숨을 쉬고 나무는 나무 숨을 쉽니다.
아침은 시작의 숨을, 저녁은 쉼의 숨을 쉽니다.

바람은 지나가는 숨을 쉬고
신神은 침묵의 숨을 쉽니다.
그분의 숨으로 사람도 숨을 쉽니다.

말씀으로 온 세상이 숨을 쉽니다.

낙타를 따라

낙타를 따라 바늘구멍으로 들어가 봅니다.
따라 들어가 보니 그렇게 넓을 수가 없습니다.
들어가고도 남음이 있어 춤을 추고도 넉넉합니다.

낙타를 따라 바늘구멍으로 들어가 봅니다.
좁을 줄 알았던 바늘구멍은 좁은 곳이 아니라
보지 못하였던 신비였습니다.
너무 넓어, 보이지 않는 길이었습니다.

낙타를 따라 바늘구멍으로 들어가 봅니다.
바늘구멍은 좁은 곳이 아니라
들어가지 않으려는 사람들의 닫힌 문이었습니다.
들어가려는 사람에겐
낙타 수천 마리가 쉽게 드나드는 자유의 문이었습니다.

내가 열리니 우주의 문이 열립니다.

바늘구멍은 동서남북사방팔방으로 열립니다.

낙타를 따라 바늘구멍으로 들어갑니다.

천국의 춤을 추며 덩실덩실 들어갑니다.

바람에 휘리릭 나뭇잎 하나 떨어졌습니다

바람에 휘리릭 나뭇잎 하나 떨어졌습니다.
곧고, 강한 대나무입니다.
대나무 잎 하나 떼어보려고 억지로 흔들었던 적이 있었습니다.

바람에 휘리릭 대나무 잎 하나 떨어졌습니다.
센 바람도 아닙니다. 그냥 지나가던 바람이었습니다.
억지로 떼기도 어려운 대나무 잎은 지나가던 바람에
그냥 떨어졌습니다. 힘겹게 떨어진 것도 아니요,
억지로 버티다 떨어진 것도 아닙니다.
살려고 애를 쓰면 삶도 힘들어집니다. 그냥 지나가는 바람처럼
댓잎도 이 때다, 싶어 그냥 제 몸을 떠난 것입니다.

바람에 대나무 잎 하나 바람처럼 떨어졌습니다,
이 세상 있어지고 없어지는 모든 게 자연스러운 일입니다.
억지가 아니라 순리입니다.

휘어진 꽃줄기도 사람의 힘으로는 세울 수 없으나
다음 날, 깨어나는 만물과 함께 제 몸을 일으킵니다.

성경 속에 흐르는 수많은 기다림과 역설과 기적도
하늘의 눈으로 보면 절로 흐르는 순리입니다.

장르 뛰어넘기

피카소가 도자기호리병을 조각으로 만들었습니다.

꼭지는 앞으로 뒤틀어 내리고 엄지손톱으로 웃는 눈과 입을 장난스럽게 그려 놓았습니다.

병이 사람이 된 것이지요.

백남준은 비디오에 타임을 불어넣었습니다.

온갖 문명의 잡동사니들이 장난스럽게 비디오 속에서 춤을 춥니다.

문명의 시간들이 공존하며 걸작이 된 것입니다.

하나님은 흙으로 사람을 만들었습니다.

밟히고 눌리는 흙으로 땅을 디디고 서는 존재를 만들었습니다.

흙에 하나님의 바람을 후욱 불어넣어 산 사람이 되었지요.

예수는 광야를 구원으로 만듭니다.

돌을 떡으로 만들지도 않고 시간만 견디었지요.
광야의 사십 일이 영원으로 바뀌는 순간입니다.

오래된 집

오래된 집은 오래간다고 했습니다.

오래된 집이 오래가듯 오래된 음식도 오래갑니다.

오래된 벗도 오래갑니다.

오래된 노래도 오래 불려집니다.

오래된 꿈은 오래갑니다.

오래된 것은 낡은 것이 아니라,

시간 속에 살아 있는 지혜입니다.

옛 숨을 쉬는 실상입니다.

오래된 역사는 오래갑니다.

지금 여기에 서 있는 우리가 오래된 역사이기 때문입니다.

오래된 역사는 지나간 것이 아니라 지독하고 장엄한 현실을 보여 주는 창문입니다.

그래서 오래된 어제는 오래된 내일입니다.

오래되었다는 것은 멀리 눈을 두고 걸어왔다는 것입니다.

오래된 집은 오래갑니다.

오래된 벗도, 오래된 역사도, 오래된 우리의 꿈도

다시 오래갈 것입니다.

가만히 있어 흐르는 물

물은 가만히 있어도 흐르지요.
물은 가만히 있음으로 흐르지요.
흐른다는 것은 얼마나 좋은 건가요.
높은 곳으로 몸부림치는 어리석음이 없으니 흐르는 거지요.
가만히 있어도 낮은 곳이 있으면 그냥 흐르지요.
조금만 낮은 곳이 있어도 흐르는 물은 그래서 깊지요.

물은 가만히 있음으로 절로 흐르지요.
가만히 있음으로 물결이 일고, 생명이 일지요.
가만히 있어도 정지停止가 아니지요.
가만히 있다는 것은 빠름을 넘어 있는 것이지요.

나무 위에서 가만히 계셨던 예수는 구원을 이루셨어요.
성부의 뜻 따라 몸을 맡기심으로 고통을 넘으셨어요.
죽음을 몰라 아니요, 아픔을 몰라 아니에요.

그보다 깊은 침묵의 흐름을 따라 가신 것이지요.

물은 가만히 있음으로 흐르지요.
하나님은 가만히 계심으로 세상을 구원하시지요.

움직임도 없으면서

어떻게

권정생 선생님과 전우익 선생님은 움직임도 없으면서

집 밖을 나가지도 않으면서 *不行而知

어떤 일을 벌이지도 않으면서 *不爲而成

이토록 많은 사람들에게 영향을 주고 세상을 움직이는지? *不

見而名

나는 궁금하고 또 알 길이 없습니다.

어떻게 가만히 있음으로도 그토록 큰일을 하시는지.

문득, 나무 위에서

가만히 계심으로 구원을 이루신 예수가 떠올랐습니다.

* 노자 『도덕경』

거울과 나무

거울은 누가 와도 가만 있고 떠나도 가만 있지요.
나무는 바람이 불어와도 가만 있고 떠나가도 가만 있지요.

어느 것도 외면하지 않고, 누구도 마다하지 않지요.
와도 지나가도 가만 있지요.
가만 있으면서도 속까지 비추지요.

한 몸이니

사람이 사람을 아파하고
사람이 사람을 기뻐하지요.
사람의 길을 막으면 세상의 길이 막히지요.
한 몸이라 그래요. 거짓 없이 한 몸이에요.
억지로 아니라 절로 그래요.

봄 속으로 들어가면 봄을 몰라요.
꽃 속으로 들어가면 정말이지 꽃을 몰라요.
한 몸이니 그래요. 따로가 아니니 모르는 거지요.
모르는 만큼 한 몸이에요.
내가 그대 속으로 그대가 내 속으로 들어온다면
우린 서로를 모를 거예요.

꽃도 그대도 따로가 아니지요.
풀 한 포기는 들판 전체가 되어 제 몸을 모를 거예요.

한 생명은 온 세상이잖아요.
그대와 내가 제 몸 모르고 한 몸 되면 세상은 분명,
한 세상이 될 거에요.

예수는 제 몸 몰라 세상을 다 안으셨어요.

잡히지 않는 바람

온 몸이 눈과 귀가 되어 봅니다.
속으로 숨소리를 듣는 듯
이 세상에 스치는 소리들을 민감하게 잡아봅니다.

못 자국난 발로 답답하고 높은 벽들을 소리 없이 드나들며
못 자국난 손으로 숨겨진 생명들을 가만 어루만지는

그분의 입김으로 나뭇가지 춤추고, 그분의 웃음이 꽃이 됩니다.
향香과 형상이 님을 따라 있습니다.

온 몸으로 눈과 귀가 되어 봅니다.
속으로 숨소리를 듣는 듯,
그분이 몰고 가시는 바람을 잡아봅니다.
잡히지 않습니다. 잡히지 않는 바람이 그분입니다.
글 한 줄, 책 한 권 없으신 그분이 나의 구주입니다.

잠시 쥐었던 바람 한 줌을 슬며시 놓아봅니다.

세상 속으로 들어가시는 자유를 따라가 봅니다.

냇물이 됩니다

냇물은 산골짝 어느 이름 모를 샘에서 시작됩니다.
물로 덮인 바다에서 시작되는 것이 아니라
첩첩산중 사람 닿지 않는 고요한 땅에서 솟는 것입니다.

물은 길을 따라 갑니다.
길이 아니면 가지도 않습니다. 길이 없으면 길을 내어 갑니다.
높은 곳으로는 거슬러 오르지도 않습니다.
조금이라도 낮은 곳이 있다면 물은 그곳으로 갑니다.

땅 속으로 흐르는 물이 있지요.
보이지 않는 물이 없다면 강도 바다도 없습니다.
잠잠히 속으로 걷는 길이 신자의 길입니다.
낮은 곳으로 가야 하늘에 닿는 비논리의 길이지요.
땅 속이듯 물 속이듯 모르게 걷는 길입니다.
그 길은 고요해 아무도 없을 것 같으나

그러나 사람도 이웃도 예수도 다 그곳에 계십니다.

더 낮아질 수 없는 곳.
걸러질 대로 걸러져 거울처럼 맑은 물이 사는 곳.
지친 세상이 제 얼굴을 들여다볼 수 있는 곳.
푸른 하늘이 비치고 위로가 출렁이는 곳.

나는 기도할 때 냇물이 됩니다.
길을 따라 흘러가는 냇물이 됩니다.

나무가 됩니다

나무는 존재 자체가 사랑입니다.
가만히 있음으로 그늘을 만듭니다.
뜨거운 태양을 먹고 시원한 그늘을 낳습니다.

가만히 있다는 것은 그친 것이 아닙니다.
묵묵하다는 것은 죽은 것이 아닙니다.
시간을 견디는 것입니다.
속으로부터 끝없는 생명 춤을 추는 것입니다.
녹색의 절정이 있어도, 그 춤은 요란하지 않습니다.
그저 지나가는 바람에게 대답해 주는 자상함일 뿐입니다.
그런 고요한 삶이 그늘을 만드는 것입니다.

아침에도, 한낮에도, 혼자 있는 밤중에도
나무는 철저히 세월을 삽니다.
견디는 시간이 둥근 나이를 만듭니다.

속으로 여무는 나이는 그만큼 둥글고 단단합니다.
느리게 자라는 만큼 오래갑니다.

떠든다고 교회 아닙니다. 떠든다고 신자 아닙니다.
존재 자체가 사랑이어야 합니다. 가만히 있어도
향이 흐르고, 춤이 되고, 노래 절로 나오는
자유의 샘이어야 합니다.

나는 기도할 때 나무가 됩니다.
그늘 되어 쉬게 하는 나무가 됩니다.

나는 기도할 때 기도가 됩니다

나는 기도할 때 바람이 됩니다.
몰래 부는 바람이 됩니다.
나무가 있어 바람을 알 듯
당신이 있어 내 기도를 압니다.

나는 기도할 때 길이 됩니다.
없던 길 열리는 길이 됩니다.
당신이 걸으시면 길이 됩니다.
걸으신 길 따라 걸으니 기도가 됩니다.

나는 기도할 때 기도가 됩니다.
내가 기도인지 기도가 나인지 모릅니다.
나는 없어지고 고운 숨만 남아 기도가 됩니다.

저 세상으로

극심한 고통을 뚫고 나왔거나
무심한 기도 속에 오래 머물렀거나
오랫동안 말없이 걸었다면 그 후엔 알겠지요.
내가 가벼워져 있다는 것을.

그런 후엔 얼마나 홀가분합니까.
내가 아무것도 아님을 안 것은 이름도, 존재도
이 땅에서 저 세상으로 옮겨졌다는 말입니다.

아무것도 모른다는 것을 알 때

내가 아무것도 모른다는 것을 알 때
지혜의 문 앞에 섭니다.
내가 아무것도 아니란 걸 알 때
종교의 문 앞에 섭니다.

내가 너무 작다는 것을 알 때 우주의 큰 존재가 됩니다.
그런 내게 스스로 연민의 정이 느껴질 때,
뭇 사람들이 불쌍하게 여겨질 때, 비로소 이웃을 알게 됩니다.

아무것도 모르고
아무것도 아니고
불쌍하고
연민이 일어날 때 -어느 날 문득-

저 너머의 세상이 보이기 시작합니다.

우리 삶에 하늘의 시간이 펼쳐집니다.

제 3 부

흙처럼 고운 숨

평화는 제 숨을 쉬는 것

평화는 가만히 그쳐 고요한 것이 아닙니다.

평화는 사랑이 꿈틀거리고
착한 생각들이 살아 움직여
땅과 하늘이 제 숨을 숨 쉬는 것입니다.

정의가 샘솟고, 자비가 출렁이고,
침묵이 춤추는 것입니다.

개미는 걸어 일하고

개미는 걸어 일하고, 새는 날아 창공에 길을 열며
물고기는 내를 따라 헤엄칩니다.
창조의 세상은 제 길을 걷는 것입니다.

내 길을 걷는 것이 남의 길을 내어 주는 것입니다.
내 숨을 쉬는 것이 남의 숨을 쉬게 하는 것입니다.

내 길을 걷는다는 것은 어쩌면 외로운 것입니다.
예수는 물 위가 길이었고, 광야가 길이었습니다.
외로운 사람 속이 길이었고 사마리아가 길이었습니다.
골고다 언덕이 길이었고 외로운 죽음이 길이었습니다.
그러나 그분은 끝내 그 길을 걸어 구원을 이루셨습니다.

개미는 걸어 일하고, 새는 날아 창공에 길을 열며,
물고기는 내를 따라 헤엄칩니다.

예수는 제 길을 걸어 구원을 이루셨습니다.

평등

평등은 같아지는 것이 아니라
제 모습을 가지고 산다는 것입니다.
그 모습이 평화로울 때 평등은 가능합니다.

제 삶을 자유롭게 살 수 있을 때
평등해질 것입니다.

평평한 물

*물은 서로 평평하기로 약속했습니다.
 조금이라도 수평이 기울면 다 그리로 가서 살기로 했습니다.

 물이 걷는 것도 달리는 것도 다 평평해지려고 가는 길입니다.
 흐르는 것도 떨어지는 것도 머무는 것도 평평하기 위해서지요.
 평평하여질 때 물은 비로소 그 길을 멈춥니다.
 그러나 언제나 떠날 준비를 하고서지요. 조금이라도
 평평함이 깨어지면 곧 떠나고 맙니다.

 물은 평편平便하려고 평평平平합니다.

* 건축가 정기용 선생의 '물 강의' 중에서

다 풀어 주니 돌아옵니다

대지와 산은 쥐었던 것을 다 펴 놓습니다.
꽁꽁 묶어 두었던 생명을 풀어놓습니다.
땅도 풀어 주고, 물도 놓아 줍니다.

겨울은 물 속으로 땅 속으로 생명들을 데리고 들어가
들리지 않는 숨을 쉬며 깊은 삶을 살았습니다.
이제 그 고요한 숨, 끝내 개울개울 소리내며 놓아 줍니다.

대지는 다 풀어 주고, 산은 다 놓아 줍니다.
다 풀어 주니 돌아옵니다. 다 놓아 주니 제 자리가 됩니다.
풀어 주니 땅에 생기가 돋고, 놓아 주니 생명이 일어납니다.
겨울의 끝은 돌아가는 도道를 보여 줍니다.

쥔 손이 가득하면 다른 것은 쥘 수도 없지요.
쥔 손은 정작, 큰 것을 갖지도 못하지요.

손을 폅니다. 손가락 사이로 바람이 지나갑니다.

이 세상이 쉬워집니다.

끝없이 펼쳐진 우주가 친구가 됩니다.

손수 빚으신 인간

왜, 모든 다른 것은 말씀으로 만드시곤
인간은 흙으로 손수 빚어 만드셨을까요?
글쎄요,
하나님은 자신을 만드시고 싶었는지도 모를 일이지요.

흙과 숨

흙처럼 고운 숨은 없습니다.

얼마나 고우면 저 많은 것을 길러내며 산모産母의 소리도 없을까요.

흙처럼 너른 숨은 없습니다.

온갖 생명이 거기에 뿌리내려 마음 놓고 숨을 쉽니다.

흙처럼 정직한 숨은 없습니다.

순응하면 살고 역행하면 죽습니다.

흙처럼 착한 숨은 없습니다.

땅에 기대어 사는 어떤 미물微物이라도 마다하는 법이 없습니다.

사람은 흙이 숨이 된 것입니다.

봄이 오면

똑같은 숨이 아닙니다.
새 숨입니다.
연인의 머리카락을 쓰다듬듯
부드럽고 향긋한 숨입니다.
숨에서 빨갛고 노란 꽃이 핍니다.
숨에서 봄나물 향이 납니다.
겨울엔 이불을 덮어도 따뜻하지 않은 노인으로 지냈지만
봄이 오면 벗어도 춥지 않은 청년으로 태어납니다.

*삼월님 안녕하셨어요? 어서 오셔요.
먼 길을 오셨네요.
나눌 이야기가 얼마나 많은지요.

황진이의 이불을 펴 숨겨 두었던 이야기를 들려 드리지요.
뭘 숨기겠어요.

이 세상에 봄이 오며는요.

* 에밀리 디킨슨의 시 'MARCH'를 빌려

눈을 뜨는 봄

아버지는 봄날이 오면 입춘서立春書를 쓰셨지요.
간밤에 쓰셨는지, 새벽 일찍 쓰셨는지 아침에 눈을 뜨면
집안 어느 적당한 곳에 소리 없이 붙어 있었어요.
그러면 나는 눈 비비며 봄이 왔구나 싶었고요.
이웃집에서 우리도 한 장 써 달라고 부탁하면
아버지는 거절 않고 그냥 쉽게 써 주셨어요.
함께 봄을 맞는 풍경을 보며 나는 이웃에 눈을 떴지요.

계절의 오고감이 감았던 눈을 뜨는 듯 쉽네요.
구십 일의 살림이 저렇듯 쉽다니요.
감춤도 아니요, 움켜쥠도 아니었으니 저리 쉬울 수밖에요.

갈 수만 있다면 이 세상 가장 높은 곳에 올라가 봤으면 좋겠네요.
그러곤 한 눈에 이 세상 전체를 보는 거예요.

정(情)은 강이 되어 흐르고, 사랑은 산처럼 쌓였으면 좋겠네요.

본질과 진솔함이 강가의 조약돌처럼 단단해지고

굳은 관념들은 봄바람에 부스러져 모래알로 변했으면 좋겠네요.

기꺼이 살아온 역사도 보았으면 좋겠어요.

어머니의 어머니, 그 인내의 지혜에 눈을 뜨면 좋겠네요.

세상의 착한 속을 다 들여다 볼 수 있는 봄이 왔어요.

연민은 사람을 보고, 아픔은 역사를 보아요.

벼루 내고 먹을 갈아 입춘서를 쓰는 날,

이웃에게 쉬이 글을 써주시던 아버지를 만나볼 수 있으면 좋겠네요.

눈을 뜨는 봄이에요.

나는 이제 빨래터로 갈래요

나는 이제 빨래터로 갈래요

더러운 것 새 것 되고

슬픈 일도 웃음이 되는 빨래터로 갈래요

빨래터만한 봄은 없겠지요.

나는 이제 빨래터로 갈래요

이 세상 모든 이야기가 모여 있는 빨래터에서

철없는 새처럼 재잘거리며 얘기할래요.

이 세상에 봄이 왔다고. 겨울은 갔다고.

겨우내 피웠던 꽃 한 송이를 꺼내 놓곤 자랑도 할 거예요.

그리고

아픈 상처 꺼내어 개울개울 졸졸졸 모조리 씻어낼 테에요.

분했던 것 참았던 것 방망이로 실컷 두들기며 좋아할 테에요.

봄바람이 말려 줄 옷들은 봄처럼 따뜻하겠지요.

빨래터에서 씻어 준 봄을 입고 세상을 걸어다니겠어요.
꽃잎처럼 하얀 봄을 입고 골짝마다 봄을 알릴 테에요.
겨울을 살아온 우리들의 시간이 꽃을 피웠다고
그 시간이 있어 봄이 왔다고
아이처럼 뛰며 노래할 거예요.

겨울부터 흘러온 시냇물 봄 되어 흐르네요.

사람도 평화입니다

봄이 오니 흙 냄새가 납니다.
언 땅 풀려 고운 흙이 됩니다.
겨울이 부서져 이토록 향긋한 흙이 되다니요.

언 땅을 푼 것은 계절이 아니라 시간입니다.
어떤 재주로 단번에 된 것이 아닙니다.
*이 고운 흙은 부드러운 시간으로 쓸고 쓸어서
고운 입김으로 불고 불어서 만든 것입니다.
흙은 그래서 평화입니다.
평화이기에 생명을 품고, 평화이기에 자라게 합니다.

흙의 주인은 작은 풀씨요, 땅의 주인은 권력 아닌 백성입니다.
흙은 역사입니다. 세상의 처음부터 있었던 역사입니다.
무엇이든 자라게 해 준 어머니요, 디디고 서게 해 준 근원입니다.

온유한 자가 땅을 가진다고 했습니다.
사람을 고운 흙으로 지었기 때문입니다.
우리 속에 고운 생기를 불어넣으셨기 때문입니다.

흙은 평화입니다. 그러기에
사람도 평화입니다.

* 함석헌 선생의 『새벽을 기다리는 마음』 중에서

우리들의 봄

우리들의 봄은 땀과 노동으로 오리니
평화는 눈물로 오리니
노래는 세월로 오리니

*시에 쓰인
봄이니 여름이니 하는 말로
시대 상황을 연상치 마라

오직
봄은 하나님의 침묵으로 오리니.

* 정희성 시인의 시 '봄소식'의 부분

꽃은 꽃씨를 숨겼고

사월은 겨울을 숨겼습니다.

꽃은 꽃씨를 숨겼고,
벌 나비는 굳이 그 속에서 생명을 찾아냅니다.
세상은 상처를 숨겼고, 하늘의 사람은
기꺼이 그 속으로 들어갑니다.
살려내기 위해서지요.
하늘을 꽃피우기 위해섭니다.

사월의 신비가 부활을 합니다.
사월은 바람처럼 보이지 않지만 뭇 생명들을
저 건너 세상으로 데려가고 있습니다.

비논리의 증언
_ 부활절 아침에

밤이 지나고 아침이 왔습니다.
긴 밤이 잠을 깨면 아침은 해처럼 빛난 얼굴로 피어납니다.
짙은 밤사이 새벽은 *홀로 걷다가 아침을 낳습니다.

밤처럼 외로운 기도는 물과 피를 쏟아냅니다.
빌라도의 뜰은 목숨 같은 유혹을 던지지만
아름다운 그분은 입을 다무셨지요.
그분의 이야기는 고요한 잠이 들고,
어느 날 아침, 꽃처럼 피어나 세상을 눈뜨게 합니다.
나무 위의 침묵과 돌무덤의 적막은 밤을 지나
죽음을 넘어 아침처럼 깨어나고
고요한 울림은 천지에 메아리칩니다.

죽어야 산다는 비논리의 증언이 빛나는 아침
돌문의 무게도 바람처럼 가벼워지는 아침

아들을 죽이면서 뭇 인생을 살리신 아버지, 이 사랑의 역설이 꽃처럼 열리는 아침입니다.

밤으로 가렸던 만물이 깨어납니다.
세상이 부활하고 있습니다.

* 정호승 시인의 표현

돌무덤의 일기

사흘간을 읽어야 하는 돌무덤의 일기 속에는
단 한 줄의 글도 없습니다.

침묵만이 그득합니다.
그리고 사흘 후,
쓰지 않은 수많은 진리의 문자가 살아납니다.

꽃을 피워내는 것은

아침이 오기 전, 어둡고 추운
그 냉기와 외로움은 나팔꽃을 피워냅니다.
햇살과 따뜻함만이 꽃을 피워내는 것은 아닙니다.

때론 어둡고, 때론 외로운 것이
사람의 걷는 길에 얼마나 필요한가요.
기꺼이 이 세상의 외로움과 어두운 구석을 걸어간다면
그 다음 세상이 꽃처럼 열릴 것입니다.

사월 꽃 1

사월 꽃이 피었습니다.
꽃은 봄이 되어 핀 것이 아니라
땅이 살아 피었습니다.
물이 살아 피었습니다.
꽃은 전체가 살아 있는 자연으로 피었습니다.

사월 꽃이 피니 사월 전체가 피어납니다.

사월 꽃 2

겨울 꽃처럼 오신 분.
한 아이가 이 세상 전체로 피어납니다.
그 꽃은 사랑으로 인해 피었고
핀 꽃은 끝나지 않은 사랑 때문에 죽었습니다.

꽃 지는 날, 이 세상은 이내 겨울이 되었고
그 꽃은 다시 피어나 세상 전체를 꽃피웠습니다.

바람 구경

바람을 구경합니다.
벚꽃 목련꽃이 바람처럼 떨어집니다.

잠시 시간을 정지하니 바람이 눈에 보입니다.
꽃잎처럼 불어오는 바람이 눈에 보입니다.
바람을 구경하다니 나는 운이 좋습니다. 지금 이 시간,
바람을 구경할 수 있는 사람이 몇이나 될까요.
미안해하면서도 나는 자꾸 바람을 구경합니다.

바람을 보는 것보다
아무것도 하지 않은 시간이 더 어려웠습니다.
적어도 바람을 보려면 시간과는 마주해야 합니다.
보이지 않는 것과 마주해야 합니다.
보이지 않으며 일하는 바람이,
아무것도 하지 않는 일상을 꾸짖습니다.

아, 보이지 않는 바람이 이렇게 지루하지 않다니요.

바람 구경을 하며

이렇게 세상을 구경합니다.

내일도 일해야 하네

흥분하여 서둘러 일하는 초보자가
느릿느릿 일하는 일꾼들에게 짜증을 내자,
오랜 세월 노동으로 살아온 어느 선배가 말합니다.
"우린 내일도 일해야 하네."

조용한 혁명
_ 부산한 선거에 미련을 버리지 못하는 내 어리석은 관습에 붙여

아침에 눈 비비던 개나리가

오후가 되더니 노란 눈을 뜨고 있습니다,

간간이 바위틈에는 붉은 진달래가 보이고요.

가지 위에 목련도 하얀 눈을 뜨며 세상을 보려 합니다.

조용한 혁명입니다.

신산辛酸의 시간을 건너 온 생명들.

그 고요한 움직임이 온 세상을 바꾸어 놓습니다.

얼마나 기다리던 세상입니까.

스물세 살의 청년들이여

오월의 꽃은 돌을 헤치고 어둠과 싸워 이긴 생명의 상징입니다.
암흑 같은 흙과 무심한 세월을 건넜습니다.
아무리 예쁘고 여린 꽃도 이 싸움에 지면 꽃이 될 수 없습니다.

개인이든 국가든 그 역사는 선한 싸움을 거쳐야만 합니다.
처절하고 민감한 싸움 후에야 착한 역사는 살아납니다.

스물세 살의 청년들이여,
그대들은 이 세상을 어떻게 건너왔는지 알아야 합니다.
두근거리는 심장으로 피의 역사를 들어야 합니다.
오월의 꽃이 어떻게 피어났는지
오월의 푸른 생명들이 왜 이토록 시린 울음을 울고 있는지
스물세 해가 지나도
다시 살아나는 푸른 넋들에게 물어보고 또 물어봐야 합니다.

오월의 꽃은 그냥 자란 것이 아닙니다.

돌과 벌레를 이기고, 암흑 같은 흙과

견디기 힘든 무심한 세월을 건넌 후에 비로소 피어난 것입니다.

스물세 해 전 오월, 광주에는

군인들이 돌이었고 벌레였고, 정치는 암흑이었습니다.

신문과 방송과 사람들은 무심한 세월이었지요.

그 해 오월의 꽃은 그 속에서 피어난 진정한 생명이었습니다.

스물세 살의 청년들이여,

오월의 꽃은 민주의 통곡이요, 노래입니다.

그대의 스물세 해 시간 속에 피어난 꽃들이 어디서 온 것인지

잊지 마시기를.

그대의 스물세 살 앞에 날리는 오월의 꽃잎을 오래 바라보시길.

* 광주 민주화운동 스물세 해를 맞으며

드리워진 그늘이 왜 우리 생에 빛나는 스승인지

평화에게 등 돌리는 그대를
따뜻한 포옹으로 안아 줄 수 있다면
등 뒤에서 총을 겨누는 그대에게
이 꽃 한 송이를 건네줄 수 있다면
살아 있는 땅에 죽음을 퍼붓는 그대에게
저 아이의 맑은 웃음을 보여 줄 수만 있다면
그럴 수 있다면……

길다란 다리로 거미의 은빛 집을 짓는 그대에게
금방 사라질 한 방울의 이슬을 보여 줄 수만 있다면
높은 성벽을 두드리는
부드러운 빗방울 소리를 들려줄 수 있다면
땅바닥의 잔돌보다 촘촘한 권력의 경계 사이로
유유히 지나가는 바람 한 줌을 그대 손에 쥐여 줄 수만 있다면
그럴 수 있다면……

햇볕 한 줌이 어떻게 노래가 되는지

드리워진 그늘이 왜 우리 생에 빛나는 스승인지

들에 핀 꽃들이 어떻게 피고 지는지

그대에게 밤새 이야기해 줄 수만 있었다면

그럴 수 있었다면……

그대가 총을 쏘진 않았을 텐데.

네가 그렇게 죽어가진 않았을 텐데.

총을 쏜 그대가 스스로 죽는 그런 짓을 택하지는 않았을 텐데.

* 이라크전쟁을 비롯한 모든 전쟁을 애통해하며, 전쟁을 일으키는 자들에게

아, 자유혼이여

오월이 지나갑니다.
여기 햇살처럼 왔다가 저기 바람처럼 갑니다.

오월은 오월을 다 주었고, 그래서 유월은 유월이 되었습니다.
가져온 것도, 가져간 것도 없습니다. 그냥
지나갔습니다. 계절은 시간처럼 지나갑니다. 그렇다면
오월은 유월 안에 있고, 유월은 오월 안에 있습니다.
지나가니 해방이요, 서로 안에 있어도 자유입니다.

오월은 가고 유월입니다.
가고 온 것이 저만치 지나간 바람 같습니다.

그 행함이 온 우주에 그득해도 글 한 줄 없는 분.
피와 물과 몸을 다 주신 분.
도대체 남긴 것이 없는 분.

처음에서 영원으로 지나가신 분.

오월의 예수여.
아, 자유혼이여.

그냥 했지요

안개가 걷히면 아침이 올까요.
안개가 걷히면 내일이 선명할까요.
살짝 가리운 커튼처럼 세상에 안개가 자욱하네요.

언뜻언뜻 보이는 나무만이 있었던 풍경을 말하고
안개 속에서 날아오는 새들만이
다른 공간을 짐작케 하네요.

봄기운에 누워 있으면서도 일을 생각하네요.
썼다간 지우고 지웠다간 다시 쓰고 도대체
몇 장의 계획서를 썼는지 알 수 없네요.
하긴, 언제 계획을 짜서 일한 적이 있나요.
난 없어요. 그냥 했지요.
안개가 걷히면 있던 풍경을 돌려놓듯 그냥 했어요.
있던 풍경처럼 아무렇지도 않게 그냥요.

안개가 걷히면

걸어온 인생을 만날지도 모르겠네요.

땅이 좋다

거선지居善地. *"머무는 데는 땅이 좋다."
"깃드는 데는 땅이 좋다"고 했습니다.

어렵고 외로운 이들, 누가 알아 주지 않는 이들이 모인 곳은
언제나 낮은 곳입니다. 그들이 사는 곳도 낮은 곳이지요.
땅은 낮은 곳에 있고, 예수는 거기에 머무셨습니다.

구름 위에 다른 세상이 있는 것이 아니라
*꿀도 타지 않고 미화되지도 않는 현실에
예수께서 이야기해 주신 하늘나라의 실상이 있는 것이지요.
사람 속에 머물고 깃들어, 사람 사는 세상을 구하셨던 분.
사람 속으로 들어와 자신을 잃어버리신 분.

땅으로, 역설의 걸음으로 나려오신 예수.
어리석음의 미학이 거기 흐르고 있지요.

*고향에선 눈감고 뛰어도 자빠지거나 넘어질 땐 흙과 풀이 안아 준다.

땅은 모든 것을 품어 주고 밟게 하는 어머니입니다.
그러니 하나님은 엄마 같은 땅입니다.
땅에 서야 걸을 수 있는 사람.
땅을 버리는 것은 삶을 버리는 것입니다.

그분을 따라 사람 사는 세상, 그 낮은 땅으로 들어가 봅니다.

* 『무위당 장일순의 노자 이야기』 중에서
* 칼 라너의 『일상日常의 신학』 중에서
* 김순대 시인의 시 '고향' 전문全文

자유의 밭

*밭고랑에 씨앗을 던지면 싹이 트지만
 총칼을 던지면 녹슬어 버린다고 시인은 노래했습니다.
 분단,
 그 깊은 골에 씨앗을 던질 것인지, 총칼을 꽂을 것인지
 그 장엄한 자유와 숙제가 우리 앞에 놓여 있습니다.

 세월,
 그 긴 텃밭에 무엇을 심을 수 있을까요.
 어머니의 어머니 그 지혜를 심어야지요.
 아버지의 아버지 그 눈물을 심어야지요.
 오래된 오늘을 심어 내일의 꽃을 피워야지요.
 세월은 갈문이 되어 새 땅으로 태어날 거예요.

 무심한 흙은 분명,
 씨앗을 품고 부드러운 파문을 만들겠지만

날카로운 총칼에는 덧없음에 녹슬게 할 것입니다.

그대가 무심코 던진 씨앗은 흙으로 사라질 거예요.
너무 착해 보이지도 않을 거예요. 그리고
어느 날 홀연히 자라나 생명이 춤추는 밭으로 커 있겠지요.

저 자유의 밭에 당신의 착한 씨앗 하나 던지시길요.

* 김준태 시인 '칼과 흙'에서

저 농부님 오늘도 일합니다

저 농부님 오늘도 일합니다.
흙처럼, 어제처럼 일합니다.
보이지 않는 바람처럼 일합니다.
어쩌면 저렇게 익숙할까요.

저 농부님 오늘도 일합니다.
숨처럼, 밥처럼 일합니다.
아무도 없는 땅에서 아무렇지도 않게 일합니다.
무심한 햇살처럼 한낮의 침묵처럼 일합니다.
어쩌면 저렇게 아무렇지도 않을까요.

저 농부님 오늘도 일합니다.
새벽처럼, 땀처럼 일합니다.
벼이삭이 다 익어 숙인 듯이 일합니다.
파릇파릇 돋는 보리처럼 일합니다.

너른 들판 몇 알 남은 이삭처럼 일합니다.

어둠이 나리면 생색 않는 계절처럼 집으로 돌아갑니다.
정직과도 같은 저 일상이 세상을 먹이고 있습니다.

보이지 않는 땀들이 이 세상을 일구어 나갑니다

흙과 같이 하는 일은 변화를 느끼기가 쉽지 않습니다.
한나절 일하다가 허리를 펴보면
일한 것이 어디 있는지 드러나지 않습니다.
집에서 조금 떨어진 돌밭을 가꿀 때도 그랬습니다.
거기 씨를 뿌렸을 때도 그랬습니다.

어리석게 보이는 작은 일들은 오래 걸려 압니다.
자연이 하는 일처럼 나중에야 아! 하고 알게 됩니다. 그러나
그런 조그만 변화들이 저 너머 세상의 신비를 만나러 갈 때
건널 수 있는 징검다리가 되지요.

개미가 땅을 기어 겨울양식을 구하듯
새가 오랜 시간 둥지를 치듯
쇠똥구리가 제 집을 고집처럼 뭉쳐 나가듯
보이지 않는 땀들이 이 세상을 일구어 나갑니다.

느린 생명의 몸짓이 우리의 땅을 경작해 나가는 것입니다.

어리석은 것이 곧다

묵묵히, 느리게 살더니 여름은 푸르게 되었습니다.

해도 견디고, 비도 견디더니 푸르렀습니다.

내내 긴긴 시간을 낮의 해로 살고, 짧은 밤을 잡니다.

묵묵한 어리석음이 푸른 세상을 낳았습니다.

우직야愚直也, 어리석은 것은 곧다.

기지가급其智可及이나 기우불가급其愚不可及이라.

*꾀는 차라리 흉내내어도, 어리석은 것은 흉내낼 수 없다.

아름다운 나의 구주는 낮은 땅을 살러 오셨습니다.

신神이 사람이 되었으니 어리석음의 극치입니다.

말씀으로 우주를 만드시고 운행하시는, 시간을 넘어선 초월과 영원을 어떻게 버릴 수 있었을까요.

아이에서 자라야 하는 사람의 시간을 어떻게 지내셨을까요.

나무 위의 그 긴긴 시간을 어떻게 견뎌내셨을까요.

성부는 아들을 죽이며 어떻게 끝끝내 가만히 계셨을까요.

사람과 세상의 구원은 어리석은 신神의 견딤으로 받은 것입니다.

어리석음은 흉내낼 수 없는 역설의 미학입니다.
꾀를 부리지 않고 견디는 여름은 그래서 푸르기만 합니다.
해를 견딘 과실은 물을 머금고 달기만 합니다.
어리석은 시간들은 나중에 지혜의 반석이 되어 있습니다.

어리석은 계절은 어리석은 사람을 그립게 합니다.
느리고 지루한 계절, 빠르고 잽싼 세상을 묵묵히 걷고 있습니다.

* 함석헌 선생의 풀이

여름 역설

쑥쑥 자라납니다. 이상합니다.
비도 몹시 나리고 태양도 심한데 이런 극한 상황 속에서도
생명은 아이처럼 무럭무럭 자라납니다.

적당한 기후에 자라는 것이 아니라 지나친 비와
참기 어려운 태양 속에서 녹색은 더욱 선명해집니다.
봄꽃보다 도리어 선명하고, 가을나무보다 풍성합니다.
단지,
잦은 비와 지루한 해를 바라보는 사람의 마음이 지쳐 있을 뿐.
오래도록 바라보아야 할 것을 쉽게 넘어갈 뿐.
역설을 외면할 뿐.

여름이 말을 합니다

하늘의 삶들은 하나같이 자신을 버렸습니다.
그것은 더 큰 나를 발견했기 때문이지요.
너와 내가 따로가 아닌 큰 나. 큰 우리.
남南도 북北도 겸허히 자신을 내려놓는다면
큰 우리가 되겠지요.

여름은 자신을 버리고 가을을 데려왔습니다.
소리 없이 가버리니 큰비도 지루한 태양도 추억이 됩니다.
여름은 자기가 아무것도 아니란 걸 알았습니다.
봄도 알고 가을도 겨울도 압니다. 그러니 또 살아납니다.

끊임없이 살아나는 계절이 말을 합니다.
여름이 말을 합니다.
내가 곧 가을이라고 겨울이라고 봄이라고.
그래서 나를 또 만날 것이라고.

벗고 나면 자유

풀 나무가 저토록 푸른 것은 차라리 쓸쓸한 풍경입니다.
노랗고 붉어 찬란한 노을도
촘촘한 거미줄 끝, 영롱한 이슬도
금방 사라질 절정絶頂입니다.

정지停止의 계절인 양 집요한 여름도 이내 사라집니다.
가장 많이 가졌을 때, 버려야 합니다. 그 때가
제일 무거운 때니
벗고 나면 자유입니다.

긴긴 여름도 냇물처럼 흘러갑니다.
해도, 바람도, 산도, 들도, 걷던 길도 오늘은
가을입니다.
정작, 여름은 제 몸 벗고 떠납니다.

바람처럼 지나가는 시간을 살면 자유입니다.

나비만 넘던 선을

나비만 넘나들던 선線.
설마 그것이 오십 년 세월, 넘지 못한 선인 줄은
몰랐을 테지요.
사람들이 서로 싸워 제 땅에 금을 그어 놓은 것이라고는
차마 생각지 못했을 거예요.

살도 없는 날개는 세월도 모른 채 팔랑팔랑 선을 넘었지요.
바람도 버거운 날갯짓.
가랑비에도 힘겨운 저공비행.
가라앉다 올라가고 올라가다 멈칫하고. 넘는다는 것이
저다지도 애처로운 것일까요.
가냘픈 날갯짓에 세월만 무겁네요.
넘고 싶은 날개에는 핏줄만이 이어져 있네요.
여린 날개 속으로 숨겨둔 선명한 핏줄은 아직도 꿈틀거리고요.
그 선한 날갯짓, 여러 겹 세월을 넘고 넘어

금을 넘고 선을 넘네요.

상처투성이 아픔투성이 눈물투성이 날갯짓.
낯선 곳 통일을 만나러 팔랑팔랑 소풍가듯 넘어야지요.
십리도 못 가 발병 나던 아리랑 고개를 굽이굽이 춤추며 넘어야지요.

나비같이 가벼운 내 님을 따라 넘어야지요.

* 2002년 9월 18일, 경의선, 동해선 철도 도로 연결공사 시작을 보며

밤에는

밤에는 또 다른 세상이 태어납니다.

달랐던 세상이 같아집니다.
보이는 세상은 없어지고 보이지 않는 세상이 그려집니다.
알았던 세상이 없어지고 몰랐던 세상을 알게 됩니다.

갈라졌던 세상이 우주 전체로 들어갑니다.
관념의 세상은 저 너머 세상으로 넘어갑니다.
알았던 것이 모르는 것이 됩니다.

냇물이 강물이 다른 길을 흘러 끝내 바다 되듯
나눔도 없이 큰물이 되듯, 밤에는
너와 나의 경계가 사라집니다.

모든 존재가 같아지는 사랑이 피어납니다.

나는 어느새 우주 전체가 됩니다.

아, 가을의 예수여

가을의 예수가 날고 있어요.
새가 되어서요. 낙엽이 되어서요.

하루도 노을이 되고, 생生도 낙엽이 되네요.
본향으로 돌아가는 나그네도 가볍고
무엇이든 버리려고 사는 신자도 가볍네요.

부는 대로 부는 바람이 가볍고
추수秋水에 떠가는 종이배는 흐름보다 가볍네요.
막히면 멈춰서고 굽이지면 돌아가네요.
어렵지 않고 쉬워요. 복잡하지 않고 자연스럽네요.

부활하신 예수도 가볍네요.
그분 앞에선 죽음도 가벼워요.

아, 물 위를 걷는 예수여,
가을처럼 가벼운 예수여.

보이지 않는 희망이 보이는 고통을 이겨냅니다

보이지 않는 희망이 보이는 고통을 이깁니다.
희망은 밝음의 풍요 속에 가려진 별처럼 빛납니다.
고통은 어느 날 삶을 희망으로 인도합니다.

무명초의 향이 들판에 그득하고
애끓는 무언의 기도가 천지를 움직입니다.
그리움 같은 사랑이 있어 지금, 견딜 수 있습니다.

끝 보이지 않는 수평선이
모서리 지구를 엄마처럼 감싸고
고요한 어둠은 아픔을 덮어 줍니다.
밝아올 아침이 있기에 밤은 도리어 위로입니다.

보이지 않는 희망이 오늘도, 보이는 고통을 이겨냅니다.

떠나야 영원한 것

눈앞에 겨울이 있건만 겨울이 그립기만 합니다.

춥고 외롭고 어려운 시간을 그리워하는 것은
머물지 않고 떠나기 때문입니다.
오랜 시간 함께 살아서가 아니라, 떠나기 때문입니다.
떠남으로 겨울은 또 올 것입니다.

눈처럼 떠나신 예수.
무덤도 떠나신 분.
떠남으로 현존하시는 분.
침묵으로 우주 안에 그득한 분.

이 세상 저 세상을 바람처럼 넘어가신 분.
떠나는 바람은 없는 곳이 없습니다.

덮어 주는 눈

사람은 실수할 수 있다고,
아니, 실수를 하는 것이 사람이라고 어느 시인이
다정하게 말해 주었습니다.

상처투성이 겨울 풍경 위로
걷는 사람들 위로
끊임없이 덮어 주는 엄마 같은 눈을 보며
자연도 실수를 할까, 생각했습니다.

사람은 사람에게
역사는 역사에게
눈 녹아 땅이 드러나듯,
진실을 지울 수는 없겠지만
실수할 수 있다고, 그럴 수 있다고,
눈처럼 덮어 줄 수는 없을까요.

덮어 주고 드러내는 것이 저토록 자연스럽게요.

하얀 눈은 솔솔이 나리어
세상의 풍경을 하얗게 덮어 줍니다.

한 해의 끝에서

노을은 아름답습니다.
하루를 살았던 나와 당신의 모습들을 수놓는 까닭이요,
우리의 내일을 그림 그리기 때문입니다.

저무는 한 해는 꽃잎처럼 아름답습니다.
이내 지는 생의 마감을 예감하는 성숙의 시간인 까닭이요,
또 다른 시간이 열리기 때문입니다.

마른 광야와 거친 바다를 헤쳐 온 지금 여기 이 시간,
거짓 없이 펼쳐진 역사는 아름답습니다.
거울처럼 비친 모습에 연민의 정이 넘치기 때문이요,
아직도 우리에게는 가능성이 살아 있기 때문입니다.

우리의 생이 이토록 아름다운 것은
아침이 열리고, 너와 나의 가슴이 열리고

길과 길이 열리고, 남과 북이 열려
끊어진 역사가 이어지는 까닭이요

달려갈 길이 아직도 남아 있기 때문입니다.

이상한 겨울 이야기

죽을 때까지 기다립니다.
죽어 없어질 때까지 기다립니다.
무한한 인내 없이는 어려운 일입니다.

죽을 것이 다 죽을 때까지 기다립니다.
죽을 것이 다 죽어지면 살 것만 남게 되지요.
철저히 죽여서 살리는 것이 하늘의 방법입니다.

이상한 겨울 이야깁니다.

이미……었어요.

지난 겨울, 강물로 몸을 던졌던 눈송이들은
깊은 강 되어 함께 흐르고 있겠지요.
어디 갔을까, 잊었을 때 이미 하나 되어 강물이었어요.

지난 계절, 흙으로 덮어 두었던 씨앗들은
흙과 함께 살아 싹을 올리고 있겠지요.
어디 숨었을까, 몰랐을 때 이미 제 몸 부수고 생명이었어요.

지난 세월, 겪었던 아픔들은
내 인생의 길이 되어 걸어가고 있겠지요.
잊어야지 했을 때, 이미 탄탄한 생의 길이었어요.

먼 데 눈을 두고

먼 데 눈을 두고 겨울이 갑니다.
먼 길 떠나는 여행자처럼 서둘지 않고
길었던 만큼 천천히 갑니다.

겨울 지나 봄, 봄을 지나 여름, 여름 지나 가을
제 계절 다시 돌아올 시간을 바라보며
느릿느릿 갑니다.

먼 데 눈을 두고 걸으면
저토록 천천히 걸을 수 있을 것을요.

結_ 사라진 언어

기억에서 사라진 언어들이 바람처럼 흩어져 뵈지 않으니
그러면 또 어떠리, 어딘가엔 불고 있으려니.

발문_

그 노래의 속살 안에 오롯이 들어앉은 생명

구미정(숭실대학교 기독교학과 겸임교수)

위대한 소설가 박경리 선생님을 떠나보내고, 괜스레 울적한 기분이 들던 그 즈음, 학교 가는 길에 무조건 홍순관님의 시디를 가방에 챙겨 넣었습니다. 이번 학기 제 수업을 듣는 학생들에게 '바람의 말'을 들려주려고요.

떨어진 밤송이가 삐죽 웃으며 인사를 하네
제 살던 집을 떠나면서 바보처럼 웃고 있네
정답게 살던 친구들 함께 부르던 노래
지는 노을과 텅 빈 들판 이제는 떠나야지

가벼운 바람 불어와서 내게 전해 준 말

이 세상 떠날 때에 웃으며 가라네

......

이 세상 떠날 때에 다 놓고 가라네

마침 강의실이 새로 지은 건물이라 음향시설이 좋았던 게 다행이었습니다. 살포시 높아지는 "정답게 살던"과 그보다 훨씬 더 높이 올라가는 "지는 노을" 대목에선 역시나 온 몸에 소름이 돋았으니까요. 아, 못 말리는 바이브레이션. 누가 시킨 것도 아닌데 학생들이 저 스스로 눈을 감더군요. 이쯤 되면, 오늘 수업 끝, 하고 학생들을 해방시켜 주는 것도 큰 보시가 되겠건만, 밥값은 해야 한다는 사명감에 기어코 사족을 붙이고야 말았습니다.

돌아오는 주일이 성령강림주일인데, '성령 충만'은 대체 뭘까요, 여러분은 성령을 받았나요? …… 예상된(!) 침묵 ……. 학생들은 아주 일상적이고도 평이한 질문들에 대체로 답변을 잘하지 못하는 경향이 있습니다. 이번에도 쉬운 질문 같은데, 늘 듣던 표현들인데, 명색이 신학생들이 꿀 먹은 벙어리마냥 머뭇거리기만 하더군요. 이럴 때가 바로 교수로서 잘난 척하기 딱 좋은 때입니다!

오순절 성령강림 사건이 기록된 성경 본문을 자세히 보니까, 강조점이 단순히 바람과 불에 있는 게 아니고, 바람 같은 소리와 불의 혀(사도행전 2:2-3)에 있더군요. (조선말은 확실히 끝까지 들어봐야 압니다.) 그러니까 소리와 혀가 관건이란 뜻인데, 이것들은 모두 '말'과 연관된 어휘들이지요. 요컨대 성령이 충만한 사람에게서 나타나는 일차적인 변화는 '말'이 달라진다는 의미로 받아들여도 되겠습니다. '성령이 말하게 하심을 따라 다른 언어로 말하기'(사도행전 2:4)를 시작하는 것, 그게 성령 충만의 핵심이라는 거지요. 여기서 '다른 언어'가 구체적으로 무엇을 가리키는지 사뭇 궁금합니다. 남들이 전혀 알아듣지 못하는 방언을 하는 것? 글쎄, 제자들에게 '다른 언어'가 필요했던 이유는 소통을 위해서였지, 불통을 조장하기 위함이 아니었지요. 그렇다면 '다른 언어'란 소통의 언어요, 이질적으로 갈라진 둘을 하나로 엮는 연대의 언어란 뜻일 텐데요. 바벨탑 사건에서 흩어진 언어들이 오순절 사건에서 하나로 통하게 되는 이치를 말하는 게 아닐는지.

죽음과 폭력의 언어가 판치는 세상에서 생명과 평화의 언어로 말한다는 건 대단히 모험적인 시도입니다. 저마다 성공을 이야기할 때, 자발적으로 실패를 끌어안기가 어디 그리 쉬운가요? 저마다

남을 이겨야 산다고 목청을 돋울 때, 나직이 지라고, 져 주라고 말하는 건 그야말로 어리석은 소리겠지요. 이런 언어, 진짜 방언으로 들릴 만큼 아주 낯선 언어입니다. "제 살던 집을 떠나면서 바보처럼 웃고 있"는 밤송이가 하는 말, 존재론적 차원이 완전히 다른 이 언어를 도대체 어찌 알아들으라고요?

오호라, 평화가수 홍순관님은 "바람"에게 귀 기울이면 그 언어를 들을 수 있다고 노래하네요. 바람은 성령의 고유한 은유지요. 삼백 년 동안 살랑살랑 바위를 어루만져 흙 1그램을 탄생시키는 생명의 바람이야말로 성령이 하시는 일을 가장 잘 표현하는 아름다운 은유가 아니겠어요? 그러니 성령 하나님을 제 속에 모시고 사는 사람은 "떨어진 밤송이"를 통해서도 듣고 깨닫는 거지요. 이 세상 떠날 때에 "웃으며/다 놓고" 가라는 소리를요.

홍순관님의 노래에 진 빚이 큽니다. 저뿐만이 아니고, 그의 노래를 통해 잠시라도 영혼의 위로와 치유를 경험했던 분들이라면 다 같은 생각일 거예요. 우연히 그가 공연하는 자리에 앉아 있게 되어, 생전 처음 그런 '요상한' 노래들을 들으셨던 어머니는 그 날의 감동을 한 마디로 '은혜'라 고백하시더군요. 부흥회도 그런 부흥회가 없었다고요. 부흥의 참 의미가 성령의 도우심으로 우리의 얼이 새롭게 회복되는 것을 의미한다면, 맞아요, 그의 노래가 들려지는 현장이 바로 부흥회 자리겠지요.

저로 말하자면, 솔직히 강의가 궁할 때마다 종종 그의 노래를 대신 들려주곤 했으니, 강사료라도 톡톡히 치러야 할 입장입니다. (부디 이 글이 빚을 조금이라도 갚는 계기가 되기를요.) 정신대 할머니 이야기를 구구절절 설명할 필요가 없더군요. 그와 떼려야 뗄 수 없는 노래 '대지의 눈물'에 다 들어 있는데요, 뭐. 복잡한 생태·생명신학 담론을 소개하느니, 그의 노래 중에 아무거나 하나 들려주는 편이 훨씬 나으니까요.

이런 게 노래의 힘일까요? 예술은 하나로 통하는 것인지, 본래 미술을 전공한 그가 음악에서 이리도 멀리, 깊이, 높이 갔다는 게 경이롭습니다. 눈 감고 그의 노래를 들으면 마음의 눈에 한 편의 그림이 떠오릅니다. 예외 없이 "착한 세상", "둥근 세상"의 그림이지요. 엄숙한 종교 언어의 어깨에서 힘을 빼고, 범인凡人과 속인俗人이 알아들을 수 있을 때까지 가볍게 몸을 낮추도록 한 다음에 새 옷을 갈아입힌 것이 바로 '착하고 둥근 세상'이니까요. 본질은 달라지지 않았으나, 경계가 무너졌습니다. 이른바 '홍순관 노래'의 특징이 바로 그거 아닐까요? 어쩌면 그가 춤추듯 걸어온 다양한 삶의 흔적들은 모두 그 한 방향에 정위되어 있었는지도 모를 일입니다.

그래요, 다리 놓기 혹은 "장르 뛰어넘기"! 피카소와 백남준을 거명하는 대목에서, 눈 밝은 독자들은 알아채셨을 거예요. 어쩔 수 없이 진하게 묻어나오는 미술에 대한 그리움을요. 미술은 남이 이해하든 말든 저 혼자 해도 되는 것이지만, 노래는 다 함께 부르고 공감하는 것이잖아요. 하여 미술을 '분토糞土'와도 같이 버리고 평화를 노래하는 가수의 길로 나섰을 때, 말하자면 그는 광야로 나선 셈이지요. 광야에서 때로는 홀로, 때로는 시노래 모임 '나팔꽃 동인'들과 더불어 신神나게 노래하며 걷다 보니, 어느새 열린 것이지요. "아무것이나 아트인 시대"를 바라보며 "아무것이나 예배인 시대"를 읽어내는 그런 혜안慧眼이.

아, 말은 이렇게 곱게 하지만, 속이 쓰리는 건 어쩔 수 없습니다. 사람을 설득하고 깨우치고 감동을 주기 위해서 누구는 몇 시간씩이나 목청을 돋우며 강의하고 설교하는데, 누구는 달랑 노래 한 곡으로 끝이라니?

"정치보다 백성이 낫고, 무대보다 객석이 낫지요." 첫 곡을 끝낸 그가 장난스럽게 입을 열자, 썰렁하던 공연장 분위기에 금방 온기가 돕니다. 어렵쇼! 가수가 노래만 잘하면 됐지, 말까지 잘하네. 이쯤 되면 질투나 시기 따위의 감정도 호사스러운 것이 되고 마는 법. 살리에르나 되니까 모차르트와 겨루지요. 쨉이 안 되면 그저 흠모할 수밖에.

그런 그가 이제는 책까지 펴냈네요. 허걱! 하나님이 공평하다고 누가 그러던가요? 천지불인天地不仁이라, 미욱하신 하나님.

겸손하게도 그는 자신의 글을 부족한 단상이라 폄하하지만, 천만에요, 씹어 읽을수록 신학과 영성이 골고루 잘 버무려진 진수성찬인걸요. "꽃이 열리고/ 나무가 자라는 소리/ 너무 작아/ 듣지 못했"다는 짧은 문장 속에 성령의 거대한 울림이 녹아 있잖아요. "고운 숨만 쉬어도 우주의 거룩한 춤에 참여하는 것", 창조영성을 이토록 아름답게 집약해서 담아 놓은 문장이 그리 많을라구요. "책 속에 길이 있다"는 명제에 스스로 속지 않고, "책 속에 길들이 실상으로 펼쳐질 때"를 앞당기기 위해 분투하는 그의 신앙은 철저히 성육신 신학에 근거한 것이지요. 그의 예수는 성경 속에 갇혀 있지 않습니다. "바다와 들판과 산과 강에 모든 죽음과 모든 삶에/ 뚜벅뚜벅 걸어 들어가시"는 생활 예수, 바로 우리가 일상에서 살아내야 할 그분이지요.

예술은 물론이고 패션이든 사상이든 학문이든 장르 뛰어넘기가 대세인 오늘, "경계가 무너진 것은 알겠으나/ 본질이 깨진 것은 아쉬운 일"이라는 지적은 또 얼마나 예리한가요? '착하다'는 말이 그 본래의 의미맥락과 무관하게 쓰인 지 오래입니다. '착한 가격', '착한 몸매' 같은 표현들이 아무렇지 않게 사용되고 있지요. 이건 경계의 문제가 아니라 본질의 문제라는 것, 제대로 꼬집은 그는 고집스럽게 본질을 추구합니다. 어떻게? 물처럼!

노자 할아버지와 느릿느릿 걸으며 노닥노닥 말벗하는 풍경이 언뜻 머릿속을 스쳐 지나갑니다. 그의 글에 배어 있는 "비논리", "역설", "어리석음"의 미학은 노자와 대화하면서 얻은 선물일진대, 상선약수上善若水의 지혜를 갖춘 다음에야 '나는 물이다' 하신 예수의 말씀이 오죽 이해가 잘 되려고요?

"착한 세상"을 향한 그의 믿음은 맹목에 가까울 만치 순전해 보입니다. "분단, 그 깊은 골에 씨앗을 던질 것인지, 총칼을 꽂을 것인지" 선택해야 하는 장엄한 숙제 앞에서 "착한 씨앗" 하나 던지라고 손짓하는 그의 초대야말로 진짜 착하지 않나요? "자본주의와 제국수의 굴뚝에서 쉼 없는 폭력"이 뿜어져 나오는 이 모난 세상,

그럼에도 불구하고 둥근 세상의 희망을 잃지 않기 위해 우리에게 필요한 것은 정녕 "동심童心"일 것입니다. "착한 사람이 착한 자연을 만"든다고 믿는 올곧은 지혜 말이지요.

한 사람의 팬으로서 노래를 듣기만 할 때는, 생명신학과 영성이 풍부하게 녹아 있구나, 정도만 눈치챘더랬는데, 이제 글을 통해 그의 속내를 더듬어보니, 한 걸음 더 나간 것을 발견했습니다. 괴테가 『파우스트』에서 "영원히 여성적인 것만이 우리를 구원한다"고 말했을 때, 그 여성이요. "빨래터"로 가자고, "이 세상 모든 이야기가 모여 있는 빨래터에서 철없는 새처럼 재잘거리며 얘기"하자고 권하는 그의 성별性別이 대체 뭔가요? 여성의 모양은 없으나 여성의 능력은 있도다! 그의 사고에서 이러한 발상의 전환, 아니 성전환이 일어난 연유는 무엇일까요? 아하, 봄! 겨울이 가고 봄이 오면, 말랑말랑한 흙은 생명을 키워내지요. 그러면 "빨래터에서 씻어 준 봄을 입고 세상을 걸어" 다닐 거랍니다. 생각만으로도 황홀한 상상.

그에게 봄은 만물이 제각각 나름의 색을 뿜내면서 존재의 빛을 발산하는 둥근 세상의 은유처럼 보입니다. 잘나고 힘 센 하나가 못나고 약한 여럿을 짓누르는 동토의 왕국, 피라미드 세상과 정반대지요. 그러니 "꽃 한 송이 핀다고 봄인가요./ 다 함께 피어야 봄이 지요." 이쯤 되면 그의 노래는 착한 세상을 향한 예언자적 외침이 아닌가요? 아니면 봄을 부르는 만트라거나.

어느 책에 문익환 목사님이 쓰셨던 추천의 글이 아주 인상적이어서, 저도 기회가 오면 똑같이 흉내내고 싶다는 생각을 한 적이 있습니다. 그 유혹을 이기지 못해, 여기에 옮겨 적으며 글을 마칠까 합니다. 홍순관님의 정갈하고 정제된 그림언어에 제가 뱀발蛇足처럼 붙여 넣은 잔소리가 누가 되지 않았기를요.

왜 이제야 나왔을까요, 이렇게 좋은 책이.

네가 걸으면 하나님도 걸어

펴낸날	**초판 1쇄** 2008년 6월 23일
	2판 1쇄 2009년 6월 15일
	2판 2쇄 2011년 5월 20일

지은이	**홍순관**
펴낸이	**심만수**
펴낸곳	**(주)살림출판사**

출판등록 1989년 11월 1일 제9-210호

경기도 파주시 교하읍 문발리 파주출판도시 522-1
전화 031)955-1350 팩스 031)955-1355
기획·편집 031)955-1395
http://www.sallimbooks.com
book@sallimbooks.com

ISBN 978-89-522-1189-7 03810

※ 값은 뒤표지에 있습니다.
※ 잘못 만들어진 책은 구입하신 서점에서 바꾸어 드립니다.